妈妈的古诗私房课 1

安顿 著
廖诗意 插画

贵州出版集团
贵州教育出版社

图书在版编目（CIP）数据

妈妈的古诗私房课 ： 全3册 / 安顿著 ； 廖诗意插画
. -- 贵阳 ： 贵州教育出版社， 2021.7（2023.10 重印）
ISBN 978-7-5456-1396-4

Ⅰ. ①妈… Ⅱ. ①安… ②廖… Ⅲ. ①古典诗歌－中国－儿童读物 Ⅳ. ① I207.227.42-49

中国版本图书馆 CIP 数据核字（2021）第 087289 号

MAMA DE GUSHI SIFANGKE

妈妈的古诗私房课

安顿◎著　廖诗意◎插画

责任编辑：舒艳雪
出版发行：贵 州 出 版 集 团
　　　　　贵州教育出版社
地　　址：贵州省贵阳市观山湖区会展东路 SOHO 区 A 座
　　　　　（电话 0851-86828567 邮编 550081）
装帧设计：阳光博客＋李昆仑
印刷装订：天津创先河普业印刷有限公司
开　　本：710mm×930mm　1/16
印　　张：29
字　　数：331 千字
版　　次：2021 年 7 月第 1 版
印　　次：2023 年 10 月第 2 次印刷
书　　号：ISBN 978-7-5456-1396-4
定　　价：128.00 元（全 3 册）

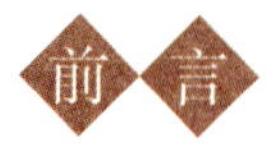

陪着孩子进课堂

安顿

有一些事实会让人相信，天下的母亲是一家人——所有对孩子的成长和未来有所期待的母亲，都有极具共性的焦虑可以分享。

比如，语文学习。

不知道从什么时候开始，有一句话在家长中间广为流传："得语文者得天下。"我认为，这句话中的"语文"并非仅仅指代学校的语文课，而是广义的对语言文字的掌握，对中外文学的阅读、欣赏和领悟，对不同领域的知识学习认知的广度，以及将对生活的观察、体会和思考进行无障碍表达的能力。至于"得天下"，狭义上的理解，是可以通过语文的学习和拓展，培养孩子良好的阅读分析能力，实现各个学科之间的跨界理解和融会贯通，取得优秀成绩；广义上的理解，则是通过语文学习的历练，使孩子能拥有开阔的视野、多元的知识结构、健康理性的思维方式和收获快乐、创造生活乐趣的本领。

这样拆解之后，不知道有多少母亲会和我一样，发现原来语文学习这件事并非单纯可以依靠学校和老师来完成，而是真的需要家长的全程参与。陪孩子读书，并不是简单说说的小事，而是需要调动自己的学识和智慧进行陪伴与引领，并且需要与学校、老师之间通过不断磨合而后达成共识，实现配合。所谓语文学习，究其根本，是课内课外相结合的“大语文”概念，家长需要做的是与孩子携手培养终身学习的兴趣和能力。

女儿四岁那年，我们遇到了一本书，叫作《小学生必背古诗词》。我最初的想法是比较“功利”的，我想，如果孩子能提前背诵这些古诗词，那么到了小学阶段，则可以省下一些时间和精力去学习其他科目的知识。我身边的很多家长都是这样做的。家长们带着孩子一起玩儿，常有一个游戏环节，就是背诵古诗词。面对那些出口成章，已经冲出所谓“起跑线”的孩子，我当然不想自己的孩子因落后而产生失落感。这是作为母亲非常朴素的想法。最初，我逐字逐句教，孩子大多“生吞活剥”地背了下来。然而，这种情况持续不久，孩子就不再喜欢“背古诗”了。相比之下，她更喜欢“听故事”，听那种有人参与、有情节发展、有环境描述、有背景铺垫的故事。这时，我想，为什么不能把每一首古诗词都变成一个有诗人参与、能触摸到诗人的思绪、能感受诗人所处的环境甚至加入诗人传奇的故事呢？这样，对于幼儿来说，也许诗句就能变成“活的”——活的语言、活的思想、活的感触，以及一个活的生命，这样不是更能在引起共鸣的基础上使古诗词变得容易记忆吗？

讲李白是这种尝试的起点。

女儿初读《静夜思》，背下来并不难，难点在于对“地上霜”和“故乡”的理解。没见过寒霜的孩子，对于“满地月光如霜”缺少直观认识；而尚未离开家庭怀抱的孩子，又如何理解何处为“故乡”？于是，我引入李白的故事。我告诉女儿，在李白生活的盛唐，都城在长安，天下有理想的人为了能做出一番事业，纷纷到长安寻找机会，李白也是其中之一。李白在青年时代离开他生活的四川，辗转奔赴长安求取功名，这就是远离故乡，这个故乡，指的是他从小生活的地方。人在小时候，出门会“想妈妈”；人长大了，离乡背井，会想念“老家”。《静夜思》正是李白在想家时写的。经由对李白这一段“出蜀”经历的简单介绍，孩子明白了“故乡”这一概念，也理解了这首诗诞生的背景。随后，我们讲解“地上霜”。秋冬之际，北方有寒霜。深秋或初冬的深夜是寒凉的，梦醒时分，月光洒在床头，地面隐隐泛出莹白，这时，诗人如果披衣起来，一定感觉很冷，将月光想作是寒霜，将身体的打个喷嚏和内心的联想结合起来表达，直接、自然，在此时此刻想念故乡温暖的夜晚，才正是诗人感情的真实流露。

顺利记住并理解《静夜思》之后，我用了两天时间给孩子讲“月亮诗人”的故事，主人公还是李白。中国人有望月思乡念故人的文化传承，李白一生写过许多与月亮相关的诗篇。我选择了《古朗月行》和《月下独酌》，前者是浪漫诗人的赤子之心，后者是特立独行的诗人面对孤独时的豁达潇洒。这两首诗，我也用讲故事的方式串联起来拆解，孩子很快就能够背诵。最后，作为拓展，我们一起读了李白“投水捉月”的民间传说。至此，女儿掌握了三首古诗，简要了解了李白的经历，还收获了一个可以照见李白率真天性的传奇故事。

“阅读李白”的尝试是一个神奇的转机，就是从这一次开始，女儿迷上了“听妈妈讲古诗”，与此同时，我也渐渐摸索到了既能启发孩子兴趣又能实现掌握“必背古诗”的方法。我开始以《小学生必背古诗词》为基本教材，以其中的每一首诗和每一位诗人为原点，寻找与之相关的中国文学常识、古代文化掌故、民间神话故事、经典成语和重大历史事件，再进行故事性整合，力争让每一首诗和每一位诗人都“活”起来。

这是一个全新的开始。对于女儿来说，“听妈妈讲古诗”是一天之中和母亲亲密接触、无障碍交流并且收获知识、学习本领的温馨时刻；对于作为母亲的我来说，这是一次次背着孩子悄悄进行精心准备之后的“实战”，也是对自认为过往已经拥有的古诗词和传统文化知识的再度校准和整合。在我家，如果说母亲给予孩子的是一个家庭课堂，那么，这个课堂中的双方都是学生，两代学生共同面对的则是充满意趣的民族文化经典和漫漫历史长河中一位位有趣的先贤。

我享受“陪着孩子进课堂”这个过程，乐此不疲。孩子出生之后的第一位牵手领路者是母亲，孩子最初学习母语也是跟从自己的母亲，一想到女儿能在“妈妈的语言”中获得知识和渐渐体悟学习的快乐，我就感到开心和自豪。事实上，这也是我最终决定将这套陪伴女儿学习古诗词的笔记整理成书的初衷。在我成为母亲之前，这些知识一直存在于各类书籍文献之中，并非新知，但是，在我成为母亲之后，能经由我的心和手，将这些原本散落各处又或者幼小的孩子尚不能完全读懂的内容整编转化为适合儿童的语言，让它们能在孩子的学习路上成为其可以倚扶的拐杖之一，也可以为更多的母亲省下时间和精力，为和我一样对孩子有诸多期待的妈妈们增加一些与孩子交流的素材，那么，这些年的学习和积累便有了更大的价值。

感谢阳光博客的刘祥亚先生能看重这些原本仅限于家庭阅读和只属于我家“私房课”的笔记，并督促我将其整理成书。如果能因此而为诸多母亲和家庭提供一些参考，如果能让遇到这套书的孩子因为这些文字而在“背古诗”的苦修中发现乐趣，是我的荣幸。

2021年4月

目录

1 江南

汉乐府

江南可采莲，
莲叶何田田。
鱼戏莲叶间。
鱼戏莲叶东，
鱼戏莲叶西，
鱼戏莲叶南，
鱼戏莲叶北。

民间有歌谣

就像今天的小朋友在开心的时候会随口编一段歌词唱出来一样，在秦朝甚至更早的时候，中华民族的祖先在辛苦而又平常的农耕岁月里，便懂得了用歌唱来表达自己的感情。劳累时、开心时、悲伤时、想念自己的亲人或者喜欢上他人时，他们都会唱歌。当下被人们当作经典来阅读的许多古代诗歌，其实就是这些不知名的祖先在兴之所至的时刻吟唱出来的歌谣。

这些即兴创作的民间谣曲，需要有人记录下来，推广给更多的人。于是，在秦朝，一个专门管理音乐并教习演唱乐舞的官署诞生了，它就

是“乐府”。到了汉武帝执政时期，“乐府”得到了发展，并且有了明确的功能：配置乐曲、训练乐工和采集民歌。乐府人员到民间收集诗歌，然后带回来由专业的音乐家为之配乐，一首有腔有调、有词有曲的歌便诞生了。这些歌有些用作皇家举办祭祀活动时华丽典雅的乐歌，有些则成为优秀的民间流行歌曲被人们广为传唱。像《江南》这样的短歌，就被叫作“乐府诗”。

中国是诗歌的国度，各个朝代的诗人们创作了很多脍炙人口的经典名篇，让后人记住了他们的名字。然而，诸多来自民间的诗歌，如《江南》，虽然被收入《乐府诗集》，却并没有留下作者的姓名，这些伟大的“诗人”，恰恰是最普通的劳动者。

鱼莲的游戏

夏季是江南莲花盛开的季节。莲花是生长在水中的植物，它不仅能开出鲜艳美丽的花朵，更是可以造福人类的宝贝。

中国人在赞美莲花时通常会形容它“出淤泥而不染”，这是因为莲花的根深深埋在淤泥里边，而它的花朵却盛开得无比娇艳。莲花盛开时，水面上都是它挺拔娇艳的身影，巨大而碧绿的荷叶浮在水面上，成为莲花的衬托。在中国南方，一直有在夏天最热时喝荷叶粥、饮荷叶水去暑的习俗；下雨忘记带伞的时候，行人采一片大荷叶当草帽也是江南雨季常见的景象。莲花开毕，展现出一个小小的莲蓬，莲蓬上一个个小孔中暗藏着一枚枚莲子，每一枚莲子都有一支绿色的莲心，去掉“心”的莲子清新爽口。很多巧手妈妈会将新一季的莲子买回家做成“冰糖莲子”，这是南方家庭常见的小吃。

莲花又美又遍身是宝，不仅文人、画家喜欢把它作为赞美和描画的对象，水中的鱼儿也喜欢环绕在它周围。《江南》这首诗就描写了采莲的人们划着小船穿行在莲花、莲叶之间时看到鱼儿欢快穿梭游戏的情景：江南采莲的季节到了，莲花、莲叶连成水中的碧田，鱼儿在莲叶间游戏，时而深藏花叶之中，时而又在莲田的东西南北游弋，让人寻不到踪影……就是这样一首简单朴素的诗，短短几句不断重复的话，让人们看到了鱼儿和莲花的游戏，看到了大自然之中各种不同生命物种的和谐相处，也仿佛感受到采莲人愉快的心情。

江南有天堂

在浩如烟海的中国古代诗歌中，“江南”是一个频繁出现的词，也是诗人们非常喜欢描写的一片广阔的地域。如果按照地理区域来划分，江南指长江之南，特别是长江中下游以南。中国作为农耕古国，在许多文人心目中，江南山清水秀、人杰地灵，美丽富饶的水乡景象显示着当地自然条件的优越和物产资源的丰富，所以“江南”是繁荣富庶、清新儒雅的代名词。

因此，在中国古代的诗歌中，“江南”不仅仅是一个地理概念，更是一个文学意象。不同历史时期，人们对江南的描述和再现也不尽相同。在中国古诗词中，“忆江南”是一个著名的词牌，诞生于盛唐时期。彼时唐玄宗李隆基热衷音乐歌舞，他亲自在内廷设置了专门教授音乐和创作歌曲的“梨园”，这一风尚也影响到民间，只是皇家和民间终有区别，由皇家监管的民间同类机构不能叫作“梨园”，只能取名为“教坊”。“忆江南”这个词牌就是盛唐时教坊专门以固定的音律来创作的一系列歌颂江南秀丽山水和安逸生活的曲辞。

古往今来，很多著名诗人都有以“忆江南”为题的创作，每个诗人的才华不同、风格各异，但他们无一例外地都表达了对“江南风光”“江南盛景”“江南生活”的向往或追忆。在白居易笔下，江南的美是“日出江花红胜火，春来江水绿如蓝”；在刘禹锡笔下，江南生活的惬意是“犹有桃花流水上，无辞竹叶醉樽前”；在纳兰性德笔下，江南的记忆是“急雪乍翻香阁絮，轻风吹到胆瓶梅”……从这些动人的诗篇中，今人也可以遥想自己心目中的那个魅力无限的江南。

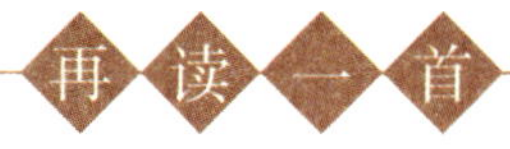

望江南·超然台作

[宋]苏轼

春未老，风细柳斜斜。
试上超然台上看，半壕春水一城花。
烟雨暗千家。

寒食后，酒醒却咨嗟。
休对故人思故国，且将新火试新茶。
诗酒趁年华。

长歌行

汉乐府

青青园中葵，朝露待日晞。
阳春布德泽，万物生光辉。
常恐秋节至，焜黄华叶衰。
百川东到海，何时复西归？
少壮不努力，老大徒伤悲。

又见乐府诗

《长歌行》让读者再一次与诞生于秦朝的乐府相遇。作为专门从民间采集诗歌的专业人士，乐府人员很忙碌。可以想象，他们活跃在普通人的日常生活中，在田间，在山冈，在欢乐的劳动者们中间，要倾听人们的歌唱，还要将这些歌词记录下来，这样的工作多么有趣！

《乐府诗集》所收集的诗歌内容非常丰富，种类也很多。通常，按照不同的诗歌来源和这些诗歌的唱诵场合，可大致划分为四大类：第一类叫作“郊庙歌辞”，是贵族文人为祭祀而作的乐歌，音乐则采用来自秦国和楚国的音乐。第二类叫作“鼓吹曲辞”，也称为“短箫铙歌”，鼓

吹曲原为军乐，乐器主要有鼓、箫、笳等。汉代鼓吹曲使用范围特别广，其中一部分篇目堪称乐府中的名作。第三类叫作“相和歌辞”，音乐和歌词都取自劳动者随口唱出的歌谣，朗朗上口，通俗易懂，感情丰富，蕴含哲理，它们是“汉乐府”中真正的精华，也是流传最广的部分。第四类叫作“杂曲歌辞”，古人将所有不能归类的诗歌曲辞全部归入其中。

《长歌行》属于第三类“相和歌辞”，从它诞生至今，这首乐府诗已经影响了人们两千多年。

古人励志歌

古人与现代人一样，在辛勤的学习和劳动过程中，需要相互鼓励，更需要为人生奋斗而励志、打气。现代人将很多朴素的生活哲学和人生哲理通过讲故事、写文章的方式呈现出来，古人则用诗歌来表达自己的理想、志向和情感，这就是中国人所说的“诗以言志”。《长歌行》就是一首古人唱的励志歌，直至今天，其中所包含的道理依然意义深远。

道理常常蕴含在身边的小事物之中，而说教常常显得空洞。《长歌行》的作者为了让自己的诗歌易于理解，选择了从小处起笔的方式：园子里青葱的葵菜在阳光雨露滋养下生机勃勃，但是它们免不了担心，一旦秋天到来，秋风扫过，百草凋零，生命何其短暂！这是大自然的规律，小小的葵菜又怎能留住时间的脚步。接着，诗人联想到奔腾的江河水，它汹涌着流向出海口，却没有机会再回到原来的起点，这不正说的是时光流逝永不回头的道理吗？由此，诗人很自然地发出慨叹，少年时代要珍惜光阴，努力学习本领，积蓄力量去实现理想，这样长大成人之后才不会因为当年荒废时光而感到悲伤和后悔。

《长歌行》虽然是在讲道理，但并不枯燥，诗人娓娓道来，让读者很自然地接受了他的劝诫。《长歌行》从“园中葵”说起的写法在中国古诗词中很有代表性，从小事物起笔讲自己的联想，最终说明一个道理，被称作“托物起兴”。这种创作方法至今仍然被作家广泛应用于写作，也值得我们在写作中学习和尝试。

莫负好时光

珍惜时间的道理人人都懂，却并不是每个人都能真正做到。因为人们总是认为，生命是一个很长的过程，今天过去，还有明天，明天永远在远处等着我们。事实上，如果将人的生命放在宇宙时空中来观看，就会发现，生命真的很短暂。在如此短暂的过程中，如果不能发挥自己的潜能，实现自己的价值，就真的是虚度了一生。

在中国古代诗歌中，还有很多奉劝世人特别是年轻人莫负好时光的励志诗篇。晋代文学家陶渊明曾写下一组《杂诗》，其中第一首的主题就是总结自己的人生经验，提醒少年珍惜时光，在有限的生命中勤于学习、热爱生活、丰富自己。他在这首咏怀诗中感慨人生苦短，青春易逝。诗的最后四句非常著名：“盛年不重来，一日难再晨。及时当勉励，岁月不待人。”陶渊明所讲的道理与《长歌行》中所提示的内容非常一致，对于每个人来说，青春年少只有一次，每一天、每一分钟都不会重来，岁月时光不会等待一个人觉悟，而奋发向上唯有从当下做起。这是一名已经度过了知天命之年的智者的感慨，更是他回顾自己人生阅历之后无私地分享。在唐朝，有一首著名的七言绝句叫作《金缕衣》，以更加明白晓畅的诗意表达了相同的思考。这首诗写道："劝君莫惜金缕衣，劝君惜取少年时。花开堪折直须折，莫待无花空折枝。"这首诗的最大特点是使用简单比喻来说明，少年时光是一个人的生命中鲜花盛开的好时节，如果不好好用来学习本领、实现理想，那么，接下来的人生中，就仿佛一个爱花人面对没有花的枯枝，徒留追悔。

"少壮不努力，老大徒伤悲"已是一句人人皆知的名言，它时时刻刻提醒着人们：少年人要在有限的青春时光中全力以赴，少有所学才能老有所成。

杂诗·其一

[东晋]陶渊明

人生无根蒂，飘如陌上尘。
分散逐风转，此已非常身。
落地为兄弟，何必骨肉亲！
得欢当作乐，斗酒聚比邻。
盛年不重来，一日难再晨。
及时当勉励，岁月不待人。

敕勒歌

北朝民歌

敕勒川，
阴山下。
天似穹庐，
笼盖四野。
天苍苍，野茫茫，
风吹草低见牛羊。

美丽草原我的家

在中国诗歌史上，除了人们耳熟能详的那些著名诗人留下的传世名作之外，还有很多影响深远且被广为传诵的诗篇来自民间，那是古代劳动者在日常生产和生活中自然创作的作品。中国是一个多民族国家，在历朝历代，少数民族人民与汉族人民共同创造了灿烂的文化。诗歌并非汉族人民的“专利”，生活在不同地区的少数民族也留下了许多精彩的作品，《敕勒歌》就是其中之一。

从这首短短的诗篇中，人们跟随着文字，仿佛看到壮美的阴山脚下广阔的大草原，古老的敕勒族在这里繁衍生息。敕勒川的天空苍茫辽阔，与大地连为一体，仿佛巨大的毡帐一般成为牧民们的家。蓝天下的草原翻滚着绿色的波浪，风吹得茫茫绿草纷纷低下头，一群群的牛羊在碧草掩映中时隐时现、悠然自得……如此美丽的景象，正是敕勒族人对自己家乡的赞美。

马背上的蒙古族

中国是世界上草原资源较为丰富的国家之一，在约 960 万平方千米的陆地面积中，草原总面积约占 41.7%。

在中国的版图上，从东北的完达山出发，越过长城，沿吕梁山到达陕西省延安市，再向西南延伸到青藏高原东麓画出一条斜线，这条从东北到西南的斜线将中国分成两大地理区——东南部以丘陵、平原地形为主，这里距离海洋近，有着湿润的气候，适合农业耕作；西北部则拥有众多的高山峻岭，山脉连绵起伏，这里已经远离海洋，气候大多干旱，四季常有风沙，更适合发展农牧业，是主要的草原地区。

提到草原，人们马上会想到风光绝美的内蒙古大草原和热情好客的蒙古族人民。蒙古族有着悠久的历史，13 世纪，成吉思汗完成了蒙古草原的统一，建立了蒙古政权。成吉思汗是中国历史上杰出的政治家、军事家，他足智多谋，能征善战，征服地域向西一直到达中亚、东欧的黑海海滨，这是中国历史上版图最大的时期。元朝建立后，成吉思汗的子孙尊称他为“元太祖”。至今，蒙古族人民仍然骄傲地称自己为“成吉

思汗的子孙”。

辽阔的草原、丰富的物产、多姿多彩的民族风情共同构成了独特的草原文化。蒙古族人民酷爱音乐，能歌善舞，有着“音乐民族”“诗歌民族”的美誉。马头琴是蒙古族的传统民间乐器，相传有一位牧人深深怀念自己死去的小马，故将它的腿骨做成琴柱、头骨做成琴筒、尾毛做成弓弦，并按小马的模样雕刻了一个马头装在琴柄的顶部，就这样，世界上第一把马头琴诞生了。马头琴琴声独特，低回婉转，苍劲悠扬，对于蒙古族人来说，马头琴的声音就是家乡的声音。

蒙古族人最初过着逐水草而居的放牧生活，对大自然有着深厚的感情。每当丰收时节，蒙古族人会举行隆重的庆祝活动，这就是一年一度最吸引人的那达慕大会。惊险刺激的摔跤、令人赞赏的射箭、争强斗胜的骑术、引人入胜的歌舞汇聚于这一盛会，这是草原上最盛大的节日。

古老岩画的密码

《敕勒歌》中提到的阴山是一座东西走向的雄壮山脉，在中国古代，阴山地区是中原汉族与北方游牧民族交往的重要场所，山间的宽谷就是南北交往的通途。

就像人们乐于用诗歌来表达思想感情一样，古代的北方游牧民族也常常会在山石岩壁上画下质朴的岩画，用来记录日常生活。在北魏时期，也就是距离现在1500多年前，一位名叫郦道元的地理学家在他的著作《水经注》中第一次提到“阴山岩画”，这是目前世界上发现最早的对阴山岩画的文字记录。从1976年开始，中国和瑞典的考古学家联合对阴山岩画进行了全面的考察，有了许多新的发现。那些栩栩如生的古老岩画记录着曾经在这里生活的古代北方匈奴、敕勒、柔然、鲜卑、蒙古等游牧民族的狩猎活动和放牧生活。通过这些岩画，今天的人们看到古代活跃在阴山南北的很多动物。更令人惊奇的是，在这些岩画中，还有一些特别的星象岩画，反映了古代少数民族对天象的观察和记录，这在世界范围内都非常少见，让人不由赞叹中国古人独特的科学探索。

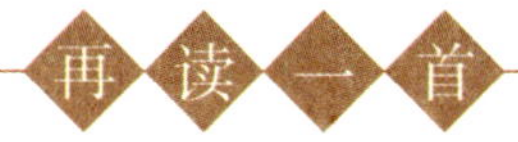

木兰诗

北朝民歌

唧唧复唧唧，木兰当户织。不闻机杼声，唯闻女叹息。
问女何所思，问女何所忆。女亦无所思，女亦无所忆。
昨夜见军帖，可汗大点兵。军书十二卷，卷卷有爷名。
阿爷无大儿，木兰无长兄。愿为市鞍马，从此替爷征。
东市买骏马，西市买鞍鞯，南市买辔头，北市买长鞭。
旦辞爷娘去，暮宿黄河边。不闻爷娘唤女声，
但闻黄河流水鸣溅溅。旦辞黄河去，暮至黑山头。
不闻爷娘唤女声，但闻燕山胡骑鸣啾啾。
万里赴戎机，关山度若飞。朔气传金柝，寒光照铁衣。
将军百战死，壮士十年归。
归来见天子，天子坐明堂。策勋十二转，赏赐百千强。
可汗问所欲，木兰不用尚书郎，愿驰千里足，送儿还故乡。
爷娘闻女来，出郭相扶将；阿姊闻妹来，当户理红妆；
小弟闻姊来，磨刀霍霍向猪羊。开我东阁门，坐我西阁床。
脱我战时袍，著我旧时裳。当窗理云鬓，对镜帖花黄。
出门看火伴，火伴皆惊忙：同行十二年，不知木兰是女郎。
雄兔脚扑朔，雌兔眼迷离；双兔傍地走，安能辨我是雄雌？

4

七步诗

［三国］曹植

煮豆持作羹，
漉菽以为汁。
萁在釜下燃，
豆在釜中泣。
本自同根生，
相煎何太急？

虎父无犬子

《七步诗》诞生于三国时期的魏国，用今天的话来形容其作者曹植，那便是“名门之后”。曹植的父亲曹操是东汉时期著名的政治家、军事家、文学家和书法家。东汉末年，也就是距今1800多年前，曹操成为汉朝最后一位皇帝汉献帝刘协的丞相。当时天下大乱，曹操以天子的名义消灭地方割据势力，征服北方少数民族，统一中国北方，建立了曹魏政权。

正所谓“虎父无犬子”，在曹操众多的儿子当中，曹植是最有才华的一个，他不仅是当时最优秀的文学家和诗人，同时还具备卓越的军事才能，曾多次与父亲一起出征，所向披靡。曹植所处的时代，正值中国诗歌、散文繁荣发展的时代，其代表作《洛神赋》《白马篇》《七哀诗》等一度被推崇到文章典范的地位。执掌一国政权的曹操一直在为自己寻觅接班人，在他心中，曹植便是最佳人选。但是，曹植最终却没能接替父亲执政魏国，他身上洋溢着文人的洒脱和随性，因而常常纵酒高歌、任性而为。在父亲眼里，这样的孩子过于张扬，缺少大局观念，是不能委以重任的。最终，曹操将魏国托付给了曹植的哥哥曹丕。《七步诗》正是曹植面对曹丕即位后对自己进行刁难时所作的一首“救命诗”。

除了曹植和曹丕，曹操还有一个聪敏过人的儿子，名叫曹冲。有一次，曹操得到一头大象，询问部下如何得知大象的体重。在大家都束手无策之时，曹冲自告奋勇，教大家把大象牵到大船上，在水淹到船体的位置刻下记号，再搬运重物装载在船上抵达相同的刻痕，物品的重量就是大象的重量。这就是“曹冲称象”的故事。遗憾的是，曹冲 13 岁就因病去世了。然而，这位天才少年的故事一直在民间流传。

兄弟起争端

曹植的兄长曹丕也是才华卓著的文学家和政治家，但文学才华和造诣与曹植相比，曹丕却略逊一筹。曹植并没有意识到，他的出众会引来曹丕的嫉恨。曹操去世后，曹丕做了皇帝。他曾目睹父亲对弟弟曹植的宠爱和欣赏，难免担心弟弟篡夺自己的皇位，于是想尽一切办法要除掉曹植。《七步诗》就是在这样的背景下诞生的。

传说，曹丕命令曹植在行走七步之内作诗一首，否则就将他斩首。于是，曹植怀着悲愤和伤痛的心情写出了这首流传深远的短诗。曹植是才子，不仅思维敏捷，更善于运用朴素的语言和鲜活的例子来表达自己的心情。他巧妙地借用了同一条根上生出的豆和萁来比喻同胞兄弟，豆子被煮熟做成羹汤，豆萁在灶火中被烧成灰烬，如此亲密的两者又何必如此迫切地争斗呢？曹丕在读到弟弟的这首诗后，面带愧色，曹植因此得以保全性命。

《七步诗》和它诞生的故事流传广泛，但有一些历史学家认为，这个故事并非完全真实。然而，无论如何，《七步诗》都是中国诗歌史上的名作，这是曹植因兄长对自己的迫害所发出的悲叹，同时，发生在帝王家中手足相残的悲剧也让世人叹息不已。

釜底抽薪计

中国是美食之国，美食需要美器，因此，中国自古以来就有各式各样的食器，不同的食器承担着不同的功用。《七步诗》中“萁在釜下燃，豆在釜中泣”一句，让我们有机会认识“釜”这种专门用来蒸煮食物的古老食器。“釜”的形状呈圆形，圆底没有足，后来发展到两侧有便于提携的耳。“釜”在汉朝时是家家户户都使用的炊具，常常被认为是“锅”的前身。

通过《七步诗》中曹植对煮豆过程的描述可以发现，古人将柴火在釜下点燃，食物在釜内被烹饪，撤掉柴火，釜中的食物则不能煮熟。从日常生活中的这件小事，古人总结出成语“釜底抽薪”。

在记录中国古代兵法和谋略的著作《三十六计》中，“釜底抽薪”是其中的一个计谋。锅里的水沸腾了，把锅里烧的沸水舀起来再倒回去，想叫它不沸腾，这样的方式叫作“扬汤止沸”，但是，如果不将灶火熄灭，则水还会沸腾，只有灭掉灶火，锅里的水才能彻底不再沸腾，这个灭火的方法就是“釜底抽薪”。因此，釜底抽薪这个成语常常被用来说明，消除问题产生的根源才是从根本上彻底解决问题的最佳方式。

观沧海

［东汉］曹操

东临碣石，以观沧海。
水何澹澹，山岛竦峙。
树木丛生，百草丰茂。
秋风萧瑟，洪波涌起。
日月之行，若出其中。
星汉灿烂，若出其里。
幸甚至哉，歌以咏志。

咏鹅

［唐］骆宾王

鹅鹅鹅，
曲项向天歌。
白毛浮绿水，
红掌拨清波。

小小神童

中国诗歌史上有很多在童年或少年时代就展现出文学才华的小诗人，《咏鹅》的作者骆宾王就是其中之一。

大约公元638年，骆宾王出生于今浙江义乌所在的这个地方。7岁时，他在家乡的池塘边玩耍，有人指着池中的鹅让他作诗，他略想了一下，《咏鹅》这首诗便脱口而出了。这首诗看似随意，其实暗藏着巧思，开篇重叠使用的三个“鹅”字，让读者仿佛听到水中大鹅自由自在地高歌，对应着下句“曲项向天歌”，又让人在听到声音之际看到鹅优美的颈项和优雅的姿态。接下来的两句，小作者为读者描绘了鹅的身形和颜

色，静态与动态，“白毛”“绿水”“红掌”“清波”相互映衬对照，鹅浮在水上，静如一幅画，鹅掌拨得碧波荡漾，动静相宜。

在《咏鹅》这首诗中，动词的使用非常巧妙和生动。“歌”“浮”“拨”连贯起来，写出了诗人定睛观看时鹅的全部动作，让读者看到的是一只舒展愉悦的美丽生物，而透过对颜色的描述，则让读者看到了鲜活的、大自然和谐的景象。对于一名只有 7 岁的小诗人来说，这一番描写，堪称才华横溢。

文章斗士

骆宾王是不折不扣的才子，这样的人有着绝世的才华，同时也常常有着非凡的个性。在他生活的时代，凭借文学才能完全可以出人头地，但他尽管家境贫寒，却不愿意专心去追逐升迁，更不愿意在担任政府官员的时候徇私枉法，而是每每批判社会弊端，直言上司的缺点。也正因如此，骆宾王一生中只担任过很小的官职，并且一度身陷牢狱之灾。

对于普通人来说，坐牢是足以摧毁意志的遭遇，但骆宾王并没有被打倒。在狱中，他写文章、作诗，阐述自己的理想和抱负。他的另一首流传甚广的诗作《在狱咏蝉》，就是在牢狱中完成的。在这首诗中，他借着对秋蝉顽强品格的赞美，表达了自己坚持理想和被构陷而不屈的精神。

事实上，骆宾王一直在期待有机会参与到推动社会变革的行动之中。出狱后，他被贬到扬州担任小官时遇到了同样被贬的柳州司马徐敬业，他们都痛恨当朝执政者武则天。同样的境遇，让二人逐渐成为好友。此后，徐敬业组织10万人起兵征讨武则天，骆宾王写下了文采飞扬却足以让他送命的《为徐敬业讨武曌檄》。

檄文是中国古代用来讨伐叛逆者的文告，骆宾王在这篇文告中痛骂武则天和她的统治，号召天下人推翻这位中国历史上第一位也是唯一一位女皇帝。遗憾的是，徐敬业兵变失败，骆宾王不知所终。有人说他逃跑之后隐姓埋名生活在民间，也有人说他出家成了僧人。因此，至今人们都不清楚他是何时去世的。

重塑诗风

骆宾王生活在唐朝早期，他与卢照邻、王勃、杨炯三位诗人一起被称为“初唐四杰”，他们都为中国留下了许多经典诗作，同时都是在很年轻的时候就因为各种原因离开了人们的视线，仿佛流星划过天空，在短暂的生命中创造了人生的灿烂。

在唐朝之前，中国诗歌偏于华丽，诗人们喜欢堆砌美丽的词语让自己的作品看起来与众不同。骆宾王和另外三位诗人一反这种追求文字浮丽的文风，用质朴、真切的语言陈述自己的真实心情，表达自己的真实想法，抒发内心深处的理想主义情怀。这种创作风格影响了此后包括李白、杜甫、白居易等在内的许多诗人。

骆宾王的另一首作品《于易水送人》这样写道：“此地别燕丹，壮士发冲冠。昔时人已没，今日水犹寒。”这首诗中包含着一个故事：战国时期，燕太子丹雇佣剑客荆轲去刺杀秦王。在易水边上，人们送别荆轲，歌唱家高渐离唱出“风萧萧兮易水寒，壮士一去兮不复还”的离别歌。荆轲刺杀秦王失败牺牲了，他的英雄故事传为佳话。骆宾王在这首诗的前两句带领读者重温了这个故事，后两句笔锋一转，感叹今天的侠客、斗士，虽然有着匡扶正义的理想，却不得不面对依然寒凉的易水见证曾经的失败结局。这是他对古人的追思，更是对自己有志向却难以实现的慨叹。

如果说，唐朝是中国诗歌朝着清新、淳朴发展的重要历史时期，那么，骆宾王和他的同伴们则是重塑中国诗风的真正典范。

在狱咏蝉

[唐]骆宾王

西陆蝉声唱，南冠客思深。
那堪玄鬓影，来对白头吟。
露重飞难进，风多响易沉。
无人信高洁，谁为表予心？

风

［唐］李峤

解落三秋叶，
能开二月花。
过江千尺浪，
入竹万竿斜。

字字锤炼

四个动作、四个数字、四样事物，集结在短短 20 个字的一首五言绝句中，为读者描绘出自然景物的四种变化……唐代诗人李峤的作品《风》就是这么巧妙。通篇都在写“风”这种自然现象，却通篇不曾出现“风”这个被描写的主体，甚至连一个“风”字都不曾使用。难怪这首诗在中国诗歌史上占据着独特的位置，成为歌咏自然的典范。

从字面看来，这首诗的每一句写的都是日常生活中人们熟悉的事。深秋时节，秋风渐紧，风吹过处，黄叶飘零，明知道萧萧落叶是秋季即将被冬季取代时的必然，但在诗人笔下，一个“解”字让读者感受到秋风也多情，不是粗暴地将叶片吹离枝头，而是以轻缓的方式化解于无声，让必须要零落成泥的秋叶也能与季节做一番优雅告别；早春二月，大地深处传来万物复苏的消息，春风过处，春花次第开放，春风催生着春花的日渐繁盛，这是风的生命力为自然界带来的生机。写完风的“本领”，诗人转而写风的“威力”。狂风吹过大江大河，掀起滔天巨浪；狂风吹入密匝匝的竹林，千万翠竹情不自禁地向相同的方向倾斜……这是风的性格。落叶萧疏、春花烂漫、江涛浩荡、竹海斜翠，《风》的每一句都展示了一个生动的画面。

在中国古诗词创作中，有一种修辞手法叫作“对仗”。简单说来，就是上下两句诗在同一结构位置的词语词性必须一致，且不能重复使用同一词语。对仗工整的诗句在阅读时会因为音韵和谐而产生音乐美与节奏美，这正是中国古诗的独特之处。在《风》这首诗中，李峤的对仗很严谨，“三秋叶”对“二月花”，“落”对“开”，是针对两个季节、两种事物的特定动作；“过江”对“入竹”，“千尺浪”对“万竿斜”，分别表现了动作的结果。仔细看，还会发现，“三秋”“二月”“千尺”“万竿”中的四个数字也对仗整齐。可以说，在20个字的四句诗中，诗人真是字字锤炼，用足了匠心。

尽享才名之举

和很多少年时就享有盛名的诗人一样，李峤少年得志，20岁时便考

中进士，开始了为官生涯。传说，他曾在梦中遇见仙人，仙人赠他一对笔，醒来后他的才能大为精进，名气越来越大。后来，人们称赞那些写作能力出众的文人为“双笔”，就是来自李峤的这个典故。

李峤不仅文采卓绝，还是一个重义、重礼的正直之人。武则天做皇帝时，宰相狄仁杰等一度被奸臣诬陷入狱，李峤认为“见义不为，无勇也”，便直言上奏朝廷为清官鸣冤，并因此得罪了武则天而被贬职。这样的刚正为他留下了耿言直谏的好名声。

李峤的官场生涯一直起起落落，但与唐朝其他许多诗人相比，还算得上官运亨通，他曾三次担任宰相的官职。身为朝廷高官，李峤保持了清廉本色。传说，李峤家中清贫，卧室里用的是粗绸帐子。皇帝知道了，认为宰相如此清苦有损大国体面，赏赐他御用绣罗帐。结果，李峤通宵难以安睡。第二天他上奏皇帝说：“臣年轻时，曾有相士对我说过，不应奢华。如今用这么好的帐子，所以睡不安稳。”这样，皇帝只能允许他继续用旧帐子。这个故事让人们看到了李峤说话的智慧和对朴素生活的坚守。

文章四友

通过《风》这首诗，我们可以清晰地了解李峤的创作风格，也能认识对仗这种写作手法。实际上，这不仅仅是李峤的个人风格，也是与他同时代的诗人们的写作风尚。对仗严谨，意象鲜明，修辞讲究，但文风朴实，从日常生活和自然现象入手，寄托自己的心情，这正是唐朝诗歌进入变革时期的特征。将唐诗从华丽精巧推动到奔放大气，李峤和他的朋友们功不可没。

李峤与杜审言、崔融、苏味道三位同代诗人在中国诗歌史上被并称为“文章四友”，他们因诗成友，共同在诗歌的韵律和艺术性方面进行了积极的探索，为唐朝的近体诗也就是格律诗的发展作出了贡献。值得一提的是，这四个人中，名声最响亮、成就也最高的人不是李峤，而是杜审言，他就是有着“诗圣”之称的大诗人杜甫的祖父。杜审言擅长写五言律诗，韵律讲究，格调雄浑，有很多名作流传。杜甫非常仰慕祖父，曾经以“吾祖诗冠古”来评价杜审言的诗。这样的赞美自然有子孙赞美长辈的成分，但也从另一个角度说明，杜审言的作品的确有过人之处。读过李峤的诗作，再读一读杜审言的名作《和晋陵陆丞早春游望》，一定会发现他们的共同之处。

和晋陵陆丞早春游望

[唐]杜审言

独有宦游人，偏惊物候新。
云霞出海曙，梅柳渡江春。
淑气催黄鸟，晴光转绿蘋。
忽闻歌古调，归思欲沾巾。

咏柳

[唐] 贺知章

碧玉妆成一树高，
万条垂下绿丝绦。
不知细叶谁裁出，
二月春风似剪刀。

名士自风流

在唐朝诗人中，贺知章的仕途最顺利。他的祖籍在越州永兴，按照今天的地理划分，属于浙江省杭州市萧山区。人们常说江浙出才俊，作为诗人和书法家的贺知章就是唐朝历史上著名的江浙才俊之一，他是浙江省第一位有历史资料记载的状元。

凭着在科举考试中的脱颖而出，贺知章的求取功名之路走得非常顺遂。他做过的最高官职是秘书监，掌管着国家典籍的收藏和编校，因此，后世人在提到他时也称其为“贺秘监”。中国古代的皇帝会从自己的儿子中挑选继承人，被选中的皇子成为储君，称为太子。唐玄宗曾任命贺知章为太子宾客，请他在礼仪和道德方面对太子进行教诲。皇帝对贺知章十分看重，直到晚年，贺知章大病一场之后才得以辞官回乡。他离开长安时，唐玄宗不仅为他写下送别诗，还在长安城的东门外设立帐幕，号令百官为他送行，这样盛况空前的待遇是很多比他名气更大的诗人都不曾得到的。

在浙江省绍兴市，至今仍有一座为纪念贺知章而建的“贺秘监祠”。这里曾是贺家的家族祠堂，贺知章去世后，很多仰慕他的才学和人品的文人墨客纷纷来此寻踪觅迹，李白、杜甫等人都曾在此留下怀念他和赞美绍兴的诗篇，这些人在游历浙江的过程中也为今人开出一条旅游之路，被称为“唐诗之路”。

碧玉成一树

《咏柳》是一首咏物诗，是贺知章的代表作之一，篇幅虽短，却做到了将巧妙的心思包藏在纯朴的语言之中。贺知章是一代文豪，有着深厚的文化积淀，对于像他这样的人来说，在写作过程中熟练运用典故以及使用富有深意的词汇并不难，难的是使用清新晓畅的通俗语汇来表达自己的所思所感。可贵的是，虽然贵为一朝文官，他却能在诗歌中保持质朴的特色，让自己的作品老少咸宜、雅俗共赏。

中国人喜欢将平常人家的女儿称为小家碧玉，在《咏柳》中，贺知章将初春的新柳化作青春勃发、朝气盎然的少女。他笔下的碧玉既是对嫩

柳的拟人化定位，同时也是对早春时节柳树娇嫩翠绿的准确写实。跟随诗人的描述，人们仿佛在抬眼之间，便被窗外柔美多姿的垂柳绿得眼前发亮，那抹绿意就像并不美到令人惊艳却不禁要端详的纯情姑娘，千万条随风摇摆的柳丝就像是轻盈的丝带，连缀成姑娘的长裙，摇曳生姿。接着，诗人带领着读者一起发出了疑问，这么美的衣饰是谁的巧手精裁细剪而成？原来是二月的春风为人间奉献出的精彩“作品”。

《咏柳》的后两句实属经典佳句，诗人用自问自答的形式，让读者自然而然地感受到春天神奇的创造力和蓬勃生机。

浪漫是春风

在中国的大江南北，柳树被广泛种植。人们普遍认为，立春节气后，柳树最先发芽，婀娜多姿的垂柳，嫩叶尚未长出，先见小而坚挺的苞芽，从远处看，细细柳芽让整棵柳树呈现出娇柔新绿的姿态。人们因为柳树的美而将它誉为“新春第一枝”，对于自然界是否真的如此，反而不特别在意。

《咏柳》中，贺知章不仅赞美了新柳，也赞美了春风。柳树为何拥有如此美貌？那是春风吹拂的功劳。在诗人心中，春天、春风、柳叶，这一切都有生命，也都有着相互成全、相互生发的情感关系。春天的手拂绿了柳，知恩感恩的柳以美丽颜色和姿态回报春天，这是东方民族认识自然的典型理念。万物彼此依存，彼此映照，互为推动，相生相依，这就是中国人所倡导和理解的“和”。

同样写春风，写杨柳，《咏柳》中展现的是生命的欢歌，可到了贺知章的挚友李白笔下，却充满悲情。李白在《劳劳亭》中这样写道：“天下伤心处，劳劳送客亭。春风知别苦，不遣柳条青。”这是一首送别诗。劳劳亭在今天的南京，曾是古代的送别之所。李白破题没有直说天下最伤心的事是离别，而是巧妙地借劳劳亭的特殊含义来点明自己的心意，这是中国诗歌中的所谓“曲笔”。此后，引入拟人化的春风，春风知道送别人心中的苦涩，为了留住时间而不忍让柳条化为新绿。在汉语中，“柳”与“留”读音相近，春天已至，柳条不绿，表达着诗人但愿时间停滞，将亲友留在身边的深情。

《咏柳》和《劳劳亭》都很浪漫，但因为诗人的性格不同和诗歌写作的背景不同，意境自然有所不同。

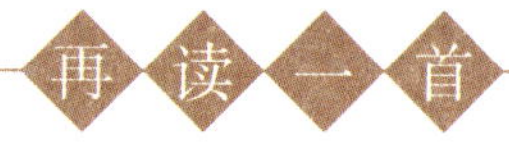

遣兴五首·贺公雅吴语

[唐]杜甫

贺公雅吴语，在位常清狂。
上疏乞骸骨，黄冠归故乡。
爽气不可致，斯人今则亡。
山阴一茅宇，江海日凄凉。

8

回乡偶书·其一

［唐］贺知章

少小离家老大回，
乡音无改鬓毛衰。
儿童相见不相识，
笑问客从何处来。

功成名就回故乡

贺知章37岁高中进士，在此之前，他已经离开故乡多年。为官一生，晚年辞去官职回归故里时，他已是位80有余的老人，前后离乡50多年。回乡时的贺知章功名卓著、名满天下，但却是垂垂老矣、两鬓风霜。

在这样的背景下，他感慨在故园的所见所感，写下了两首《回乡偶书》。在人们熟悉的第一首中，老诗人以质朴而感伤的语调记录了初回家乡时的“遭遇”——当年离家时的翩翩少年，如今回来已是一名老者，虽然一生在外都没能改变家乡口音，但两鬓须发都已稀疏斑白。邻里孩子们看见诗人，纷纷好奇地询问：这个客人是从哪里来的呀？读这首诗，人们可以看到诗人的满面沧桑，也可以看到诗人故乡人和事的变化。重逢容易重识难，离乡背井50余年，曾经的亲友很多已不在人世，这些孩子也许正是故人的后代，但他们已无法了解诗人与他们长辈之间曾经的相识相知。在这首诗中，贺知章写的是儿童的生趣，是常见的生活场景，但却不难读出他的感慨，令读者不由得为之伤怀。

《回乡偶书》之二与第一首同样出名，仍是写告老还乡的感叹。诗人写道："离别家乡岁月多，近来人事半消磨。惟有门前镜湖水，春风不改旧时波。"诗人在开篇再次强调自己大半生漂泊在外的事实，继而讲到回乡后从不同的人那里听到这些年来家乡人、家乡事的变化。读者可以沿着诗人的笔触去想象：50余年，故人大多已逝，风物大多变迁，往事只能追忆。种种变化，让人伤感。然而，幸好还有门前美丽的镜湖，年年守着节令，享受着春风，仿佛看着人世间的岁月变迁，仍然像当年诗人离家时那样碧波荡漾，美好如初。

贺知章一生仕途坦荡，名满天下，这决定了他的心态总是积极、健康的。《回乡偶书》里有诗人的叹息，但整体基调则透出诗人晚年的豁达之态。

金龟换酒酬知己

在绍兴"贺秘监祠"内有一面浮雕，名为"贺知章与李白"。画面上，两位曾经照亮了盛唐文化天空的殿堂级诗人正举杯对饮。

贺知章比李白年长40多岁，李白到长安时，贺知章已经官居高位。贺知章对李白早有耳闻，也读过他的作品，非常欣赏他的才华。贺知章喜欢饮酒，素来有“酒仙”的名号，杜甫在诗中写他喝醉酒之后掉入井里，当即就在井底睡着，用这样极端的例子来说明贺知章有多么好酒。李白在长安游历时偶遇贺知章，两人一见如故。贺知章邀请李白去喝酒，坐下来才想起自己身上根本没带钱。豪爽的贺知章马上解下身上的金龟饰袋来充当酒钱。这个“金龟换酒”的佳话见证了两人的诗酒之缘。就是在这一次，贺知章读到了李白的名作《蜀道难》，当场称赞李白“谪仙人也”，意思是说李白是天上的神仙来到了人间。从此，李白有了“谪仙人”这个称号，并流传至今。

对于李白来说，贺知章对他有着知遇之恩。当时独自居住在长安小客店中的李白，虽然有响亮的诗人名气，却并没有得到朝廷的赏识，经贺知章引荐才得以入朝为官，得到了唐玄宗的重用。贺知章去世后，李白非常难过，为了纪念这位前辈知己，李白写下了《对酒忆贺监二首》。李白在诗中直呼贺知章“四明狂客”，这是贺知章的号。四个字，包含了这位风流潇洒的诗人狂野的内心，李白以这一字号为全诗的开篇，是对贺知章的理解和尊重。这两首诗和两位诗人的友情故事，至今仍被传颂。

飞来石上留雅名

贺知章是享誉盛唐的诗人、文学家，同时也是当时著名的书法家，只是因为他的诗名太盛，人们往往忽略他在中国书法史上的贡献。

在今天的浙江省绍兴市禹陵乡望仙桥村，有一块突兀的巨石，被当地人称作“飞来石”。贺知章亲笔手书的《龙瑞宫记》刻在其上。1963年，考古工作者发现了这片精美的摩崖刻石，并鉴定其作者为贺知章。他的书法造诣很深，唐朝著名画家、有着“吴带当风”美誉的吴道子，也曾拜在他的门下学习书法。

书法艺术是中国的国粹艺术，历朝历代，名家辈出。至今，人们在评价贺知章的书法时，常常将他与“书圣”王羲之相提并论，可见他的书法艺术地位之高。

对酒忆贺监二首（并序）

［唐］李白

太子宾客贺公，于长安紫极宫一见余，呼余为“谪仙人”，因解金龟换酒为乐。殁后对酒，怅然有怀，而作是诗。

其一

四明有狂客，风流贺季真。
长安一相见，呼我谪仙人。
昔好杯中物，翻为松下尘。
金龟换酒处，却忆泪沾巾。

其二

狂客归四明，山阴道士迎。
敕赐镜湖水，为君台沼荣。
人亡余故宅，空有荷花生。
念此杳如梦，凄然伤我情。

9

登鹳雀楼

［唐］王之涣

白日依山尽，
黄河入海流。
欲穷千里目，
更上一层楼。

倜傥诗风

中国是诗歌的国度，从古至今，人们聆听着诗人的名篇佳作，并追随着诗人的足迹来认识名山大川、名都古镇，如果有哪一个地方曾经诞生过享有盛名的诗人，这里的人们便会感到格外自豪。即便是今天，在山西太原，提到唐朝诗人王之涣的名字，当地人仍然会开心地称其为“老乡”。

王之涣出生在太原。王家是当地的名门望族，优越的家庭环境使他有机会博览群书和行走游历，这也养成了他豪爽、耿直的鲜明个性。与通过科举考试走上仕途的人不同，王之涣一生从未参加过科考，靠他人

举荐在今天河北衡水一带担任过很小的官职，其间因为被人诬陷，一度辞官回乡，赋闲15年之久，过着诗酒文章的散淡生活。尽管远离庙堂，但并没有影响他创作的诗歌流传天下。《全唐诗》中留下了他的6首诗作，虽然数量不多，但每一首都脍炙人口，其中的名句到今天仍然被广泛引用。

传说，王之涣游历长安时与诗人王昌龄、高适一起到酒楼喝酒，三人当时都已享有盛名，他们请酒楼的姑娘随意唱出自己熟悉的诗歌，谁的诗被唱得多，谁就获胜，并且可以把诗写在酒楼的墙壁上。结果，王昌龄和高适的作品都被姑娘们演唱过了，只有王之涣落后。王之涣不服气，另外叫来一位姑娘，这姑娘开口便唱出他的代表作《凉州词》。于是，诗人们踌躇满志地离开酒楼，墙壁上则留下了他们的作品。这就是著名的“旗亭画壁”的故事。由此，也可以看到唐朝太平盛世时期民间的风雅和诗人的风流。

登楼有怀

鹳雀楼在山西省永济市蒲州古城西面的黄河东岸，因为常常有鹳雀在楼上栖息而得名。这座楼体高大、设计精巧的建筑最早建造于北周时期（约557—581年），历经隋、唐、五代、宋（金）700余年，后来在金兵与蒙古兵争夺蒲州的战争中被毁，只留下旧址供人缅怀。2002年，鹳雀楼重建落成，再次成为黄河岸边的一处富含文化韵味的景观。

由于紧邻黄河，周边景色壮美，加之建筑本身别具特色，曾有许多诗人到此观光，并留下赞美它的诗篇，这使鹳雀楼的名气越来越大。但是，真正让它跻身中国古代四大名楼行列并且妇孺皆知，则是王之涣的功劳。

《登鹳雀楼》洋溢着诗人志存高远、积极向上的进取精神，体现着盛唐气度。登临鹳雀楼，可见一轮落日向一望无际的群山西沉，直至渐渐消失；而流经楼畔的黄河奔腾咆哮、滚滚而来，直至流归大海。诗人用十个字，描绘出如此壮观的景象，让读者仿佛身临其境，近距离观看这一派大好河山。写到这里，看起来登楼所见已经写尽，目光所及已经展示出气吞万里的态势，不由得令读者担心，接下来，诗人将如何运笔？王之涣给出了最好的答案：如果渴望看得更远，看到更加气势磅礴的自然画面，那么，还需再上层楼，才能拥有更开阔的视野。这一句，表面看来是在说登楼，引申下去便会领悟，诗人是在借登楼谈论人生——人的一生，应当是不断地上进，才能收获更多的成就。

王之涣在短短 20 个字中展现出了他的远大抱负，同时，也为后人留下了“欲穷千里目，更上一层楼”这一千古名句。

名楼佳话

中国古人喜欢修建楼阁。楼阁有着不同的功用，有些用来纪念在当地发生的重大事件，有些用来宣扬天子或者官吏的政治业绩，有些用来祈愿、镇妖伏魔，也有些专门供人祭祀……有历史记载的著名楼阁很多，通过历朝历代的文学作品，人们对古代的“四大名楼”耳熟能详。

所谓“四大名楼”，即山西永济的鹳雀楼、江西南昌的滕王阁、湖北武汉的黄鹤楼和湖南岳阳的岳阳楼。有意思的是，这四大名楼都有大文豪为其留下传世名作。王之涣的《登鹳雀楼》自不必说，滕王阁因唐代诗人王勃的《滕王阁序》而闻名，其中“落霞与孤鹜齐飞，秋水共长天一色”堪称写景的典范；黄鹤楼因崔颢的《黄鹤楼》而闻名，开篇第一句“昔人已乘黄鹤去，此地空余黄鹤楼”将神话与景观结合得浑然天成；岳阳楼因北宋文学家范仲淹的《岳阳楼记》而闻名，文中的“先天下之忧而忧，后天下之乐而乐”再现了中华民族的奉献精神和道德追求。

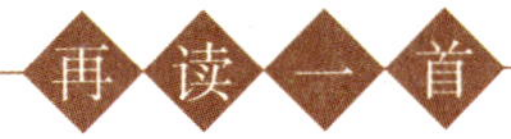

黄鹤楼

[唐]崔颢

昔人已乘黄鹤去，此地空余黄鹤楼。
黄鹤一去不复返，白云千载空悠悠。
晴川历历汉阳树，芳草萋萋鹦鹉洲。
日暮乡关何处是？烟波江上使人愁。

凉州词

［唐］王之涣

黄河远上白云间，
一片孤城万仞山。
羌笛何须怨杨柳，
春风不度玉门关。

绝地强音

唐朝时，诗歌创作进入鼎盛时期，当时的诗歌不仅有多样的题材和丰富的表现形式，还凝聚着诗人们对音律和语词的探索以及对汉语表达的不断拓展。其中，“边塞诗”是一个重要的组成部分，王之涣是当时众多边塞诗人中的佼佼者。

“边塞”指的是边疆，是伴随着国家的产生而产生的。文学是现实生活的写照，有边塞就有人出征边塞、探访边塞、游历边塞和驻扎边塞，这正是边塞诗诞生的土壤。

边塞诗多出自出征的将领或随军文官之手，如同今天的“军旅文

学”，这些将领或随军文官算得上是最早的“军旅作家”。他们在诗中描写边塞军旅生活和塞外奇异风光，在反映戍边生活艰辛和离别思乡之情的同时，抒发了将士们保家卫国的爱国情操。

许多著名诗人都写下过边塞诗，如李白的《关山月》《战城南》《北风行》《塞下曲六首》等，杜甫的《兵车行》《前出塞九首》《后出塞五首》等，王昌龄的《出塞》《从军行七首》等，王之涣的《凉州词》等，这些作品将盛唐时期的边塞诗创作推向顶点。

丝路玉门

在《登鹳雀楼》中，王之涣曾写道“黄河入海流”，从这句诗来判断诗人的视角，可以知道，诗人是以登楼处为起点，目送黄河奔腾入海。而在《凉州词》的首句，诗人再次写到黄河时，视角转变为由近及远眺望黄河一路奔腾到与远方的天际线交汇，在这里，黄河依然波澜壮阔，如此开阔的景象使人目力不及，仿佛滔滔浊浪一举冲入白云之间；在第二句，诗人引领读者将目光拉近，茫茫广漠，以连绵起伏的群山为背景，边疆要塞如同一座小小的孤城。至此，诗人用两句话写完西北边疆的苍凉环境和戍边堡垒的孤单危险。随后，羌笛的凄楚声音悠然传来，吹奏的乐曲正是表达离情别绪、令人闻之落泪的《折杨柳》，不禁让人想起家乡折一枝杨柳含泪送别亲人的场景。然而，在荒凉的西北，春日迟迟，春风就像被遮挡着不能经由玉门关吹来一样，杨柳不绿，又能拿什么来诉说离情？这时，读者才恍然领悟诗人的真实想法：既然要在这里守卫边关，既然春风都不肯吹绿杨柳，不忍提示离别家乡的凄苦，那么又有什么可抱怨的呢？这正是王之涣对于戍边将士牺牲精神的由衷赞美。

许多唐诗都会提到玉门关，它的位置在今天甘肃省敦煌市西北约90公里处。相传西汉时，西域和田的美玉经此关口进入中原，因此，玉门关也被称为“玉关”。玉门关是古代丝绸之路上的一个重要关口，也是自汉武帝统治以来界定西北和中原地区的界限之一。古代交通不发达，西北地区生活艰苦，战事较多，古人常常会认为，出了玉门关就意味着到了蛮荒之地，归来的日子也就变得遥遥无期。然而，在王之涣的诗中，人们读到的是玉门关外的将士们将对家乡和亲人的思念化为了戍边报国的雄心壮志。

百变遗珠

中国古代的诗歌、文献、典籍和今天有很多不同，其中很重要的一点是古文不用标点，要靠阅读的人根据上下文的意思自行断句。围绕着这首《凉州词》就有一个有关断句的有趣故事。

传说，乾隆皇帝也像现在的人们一样喜欢这首《凉州词》。有一天，他命令一名大臣将这首诗写在扇面上。也许是这位大臣太紧张了，竟然将第一句的最后一个字“间”写丢了。乾隆非常生气，要处罚大臣。大臣灵机一动，说自己其实是认为王之涣的诗实在神奇，通过加字、减字就能达到不同的境界。大臣这样念道：“黄河远上，白云一片，孤城万仞山。羌笛何须怨？杨柳春风，不度玉门关。”乾隆认真念下来，发现果然别有韵味，于是免去了对大臣的责罚。

这个故事的真伪虽不可考证，但这种对古诗的活用和另类解读却非常有意思。文学作品是由一个个鲜活的个人创作的，也是由一个个有思想的个人来阅读的，同一篇作品，文化背景和生活经历不同的人会有各自的理解，不同的人会在阅读中有不同的收获，这就是人们常常说的“见仁见智”。能用自己的方式收获学习的知识并体会到阅读的乐趣，这正是读书的魅力所在。

关山月

[唐]李白

明月出天山，苍茫云海间。
长风几万里，吹度玉门关。
汉下白登道，胡窥青海湾。
由来征战地，不见有人还。
戍客望边邑，思归多苦颜。
高楼当此夜，叹息未应闲！

11 春晓

［唐］孟浩然

春眠不觉晓，
处处闻啼鸟。
夜来风雨声，
花落知多少。

布衣诗人

提到盛唐的诗人，大多数人马上会想到李白、杜甫这样的“诗仙”“诗圣”，然而，要论成名之早，孟浩然则要排在他们前面。李白曾在诗中称他为“夫子”，一方面是因为孟浩然年长于他，另一方面也是因为李白尚未在长安赢得名声的时候，孟浩然的诗已广为流传。

孟浩然是今湖北襄阳人，祖上有田产，从小衣食无忧，加上他家是书香门第，他在少年时代便得以饱读诗书。中国古人大多向往隐居的生活，找一处山清水秀的幽静所在，静心学习，品茶访友，怡然自得。孟浩然青年时代就在鹿门山隐居修习。这座鹿门山大有来头，传说汉光武帝刘秀和襄阳侯巡山时梦见一对神鹿，于是修建了双鹿守门的鹿门庙，鹿门山从此被认为是“仙山”。到了东汉末年，诸葛亮的老师庞德公不肯出山当谋士，带着全家到这里隐居，鹿门山又有了“圣山”的名号。汉朝先贤对唐朝文人有很大影响，很多名士纷纷到这里隐居，孟浩然便是这些人中最著名的诗人。

最初，归隐并不是孟浩然的志向，他一边勤学本领，一边盼望被人发现并举荐进朝堂做官，但是，这个过程非常不顺利。他到长安参加过科举考试，不幸落榜；好朋友将他引荐给唐玄宗，好不容易得到现场作诗展示才华的机会，他又阴差阳错地在诗中发牢骚得罪了皇帝，更因此失去走上仕途的机会。从此，孟浩然断绝了做官的念头，安心四处游历，结交好友，写诗作文，做了一辈子江湖名声响亮却身份平常的布衣百姓。

春梦无痕

《春晓》这首诗和李白的《静夜思》一样，是中国孩子的启蒙诗。全诗自然流畅，没有生僻字词，浑然天成。这首诗写于孟浩然在鹿门山隐居时期，彼时山色清奇，春色宜人，诗人在春天的清晨刚刚醒来的那一刻发笔。第一句破题告诉读者，甜蜜的春睡就这样被打扰了，慵懒而又无奈，其中还带有悬念，让读者不由猜想，是谁唤醒诗人的呢？第二句揭示了答案，原来是那些在朝霞映照下饮过朝露的鸟儿们欢唱的声音唤醒了沉睡的人。第三句，既可以理解成诗人在回忆夜晚的春雨，也可

以理解成诗人走出房门看到满地落花之后的猜想，原来是深夜的一场好雨，让花儿们落了满地。

一首小诗，流传千百年，不知有多少孩子能背诵自如，可见它的魅力。事实上，这并非孟浩然唯一写雨的佳作。《唐才子传》中记录过一个故事，话说孟浩然到长安寻求出路时，曾与很多诗人对诗、联句，他脱口念出“微云淡河汉，疏雨滴梧桐”，意思是雨停了，乌云渐渐散去，只留下几朵云彩点缀着银河，而稀疏的雨点从梧桐叶上滴落在地，仿佛仍能听到雨声。仅仅这一句，令满座诗人无一能再度下笔。这是孟浩然的文字功力，更是他内心的安然境界。

王孟诗派

在中国诗歌史上，孟浩然被归为“山水田园诗人”，他用开阔的胸怀、细腻敏感的审美嗅觉，来描绘山水风景的优美壮丽，歌咏田园生活的闲适静谧，从一个侧面折射出了盛唐时期社会的富庶与安定、农民的安居与乐业，当然也展示着他安于平凡生活、享受日常之乐的淡定心态。在山水田园诗创作方面，与孟浩然齐名并卓有建树的诗人是有着“诗佛”之称的王维，他们的诗风被世人称作“王孟诗派”，此二人在盛唐时期的诗坛上亦各领风骚。

唐朝是一个民风开放的朝代，很多诗人都是好朋友，孟浩然与王维就是一对挚友。传说，王维曾经费尽心力将孟浩然举荐给唐玄宗，最终因为孟浩然的个性耿直而没能成就功名，但这并没有影响他们的友谊。孟浩然在长安谋求仕途失败后，心情非常不好，既感叹自己的才华没有人能赏识，又舍不得就这样离开长安返回家乡。这当中，他最不忍告别的人就是王维，为此，他写下了一首感伤的五言律诗《留别王维》。孟浩然在诗中写道的“欲寻芳草去，惜与故人违”，表达了他在回乡和伴友之间的犹豫不决。另一句“知音世所稀”则明明白白说出了他是真心把王维当作自己的知音，直言不讳地展现他们之间的知己情深。

唐朝史书里有关孟浩然的文字记载中，对他一致的评价是：他不仅仅诗写得好，同时更是一位品德高尚、重情重义的人。这一点从他的诗作和文章中便能读到。这就是所谓的“文如其人”吧。

留别王维

[唐]孟浩然

寂寂竟何待，朝朝空自归。
欲寻芳草去，惜与故人违。
当路谁相假，知音世所稀。
只应守寂寞，还掩故园扉。

过故人庄

［唐］孟浩然

故人具鸡黍，邀我至田家。
绿树村边合，青山郭外斜。
开轩面场圃，把酒话桑麻。
待到重阳日，还来就菊花。

·场家宴

孟浩然是唐朝著名的山水田园诗人，他一生不曾出仕，过着徜徉青山绿水的悠闲生活。更难得的是，在很多并没有真才实学的人都在追逐名利的社会环境下，孟浩然不仅不同流合污，还甘心乐享这种淡然的平常日子，他的高洁品质和平和心态着实令人敬佩。

《过故人庄》这首五言律诗就是在这样的生活状态和心境下完成的，这是一首极具个人风格的作品。

“山水田园诗”，顾名思义，这类诗歌的内容既饱含了对祖国大好河山的赞美，也蕴含着诗人在寄情山水、尽享田园生活之乐时的所见、所

感、所思。在唐代诗歌中，单纯描写山水秀美的作品不胜枚举，书写生活之乐的作品也非常多见，《过故人庄》之所以流传千余年而仍被广泛传颂，一个很重要的原因就是它在短短40个字中，将山水田园之美、农家生活之乐和乡里友情之朴素巧妙地结合在一起，流畅自然，发乎真情。

这是诗人在隐居鹿门山时期的一个生活片段。老朋友准备了丰盛美食，邀请诗人到家中做客。诗人怀着愉悦的心情走在赴宴的路上，一路只见绿色葱茏的树木环抱着村庄，远处青山连绵。从这几句诗可以感受到，诗人这一天、这一路，满眼风光，满心欢喜。从诗中提到的“鸡”“黍”，可以想象这是一场洋溢着人间烟火气的家宴，家常美食和农家美酒，都让诗人有宾至如归之感。席间，诗人谈兴颇浓，打开窗户面对谷场、菜园，浅酌慢饮聊着农田、农事。时间过得真快，转眼到了要告别的时刻，诗人和主人约定，到秋季重阳节时，再来这里一起饮酒赏菊。如此读来，这不正是人们在日常生活中常见的朋友之间的相约相聚吗？孟浩然将日常生活写出浑然天成的美感，可见他的文字功力。

一段友情

盛唐时期，诗人之间彼此唱和，因诗而结下深厚友谊的佳话很多。在同辈诗人中，孟浩然将“诗佛”王维引为知己；在晚辈诗人中，他最好的朋友则是李白。

孟浩然出生于公元689年，李白比他小大约12岁，孟浩然在江湖上享有盛名时，李白还是个没有名气的年轻诗人。李白曾亲自到孟浩然生活的鹿门山拜访这位他一直崇拜的前辈，两位才华横溢的诗人一见如故，他们对时政、诗歌都有着独到的见解，又都喜欢饮酒，很快便成了好朋友，并相约一起出游。他们到江夏，也就是今天的湖北武汉一带游历，分别时，李白写下了著名的《黄鹤楼送孟浩然之广陵》，为后人留下“孤帆远影碧空尽，唯见长江天际流”的绝美画面。

李白一生赠给孟浩然的诗不止这一首。李白是性情中人，爱恨都在文字间，他非常直白地在《赠孟浩然》中写下“吾爱孟夫子，风流天下闻”的诗句，这既是他对两人友情的记录，也诉说着他对前辈的敬仰。

一位食客

在生活中，常有那些随性的人把自己的感受看得比功名利禄还要重，因为陶醉于生活享受，与机遇失之交臂。孟浩然就是这样。

孟浩然的诗歌名动天下，却没有得到一官半职，幸好，他安贫乐道，十分享受在乡间的闲适生活。因为盛名在外，也不乏一些朝廷的官员愿意举荐他出仕做官。襄阳郡守韩朝宗致力于向其他官员宣扬孟浩然的才华，并与他约好时间，要带他去面见这些人，当面举荐。到了约定的那天，孟浩然却因为和诗人朋友饮酒聚会而喝得酩酊大醉，有人提醒他，失信于官员会有损失，孟浩然当场不高兴了，索性彻底忽略了这个约会。他认为，自己诗兴勃发、饮酒正酣，没有什么比享受此时此刻更开心。

从他的诗和他的处世方式可以看出，孟浩然是美食爱好者，一旦喜欢上别人家的酒菜，马上约定下次还要来，酒兴一起，任何事情都不能妨碍到他。最终，孟浩然的生命也终止于一场忘情的酒宴。

盛唐时期著名的边塞诗人王昌龄也是孟浩然的好友。王昌龄漫游西北时，孟浩然隐居襄阳，好不容易等到王昌龄从西北游历到襄阳，两人见面的机会终于来了。此时，孟浩然背上生了毒疮，不能吃生鲜。然而，故人相见，以孟浩然的爽快性格，哪里还顾得上这么多？王昌龄辞别之后，孟浩然就因为毒疮发作而永远离开了人世，结束了他风流洒脱的一生。

赠孟浩然

[唐]李白

吾爱孟夫子，风流天下闻。
红颜弃轩冕，白首卧松云。
醉月频中圣，迷花不事君。
高山安可仰，徒此揖清芬。

13

凉州词

［唐］王翰

葡萄美酒夜光杯，
欲饮琵琶马上催。
醉卧沙场君莫笑，
古来征战几人回？

壮士不复还

部分中国诗歌是先有民间的曲子，再由文人专门撰写歌词而流传。有曲在先，闻曲生情，寄情文字，成为诗歌。“凉州词”就是诞生于中国西北的歌曲。今天的甘肃省武威市在古代被称为“凉州”，也叫作“西凉”，当地流行的凉州乐舞是由西北地方汉族和当地少数民族共同创造形成的民间艺术。伴随着丝绸之路开通，凉州乐舞传到中原，很多诗人喜欢这个曲调，乐于为它填写歌词，并且直接用“凉州词”来命名。唐朝诗人王翰正是这些热衷“凉州词”的诗人中具有代表性的一员。

王翰家境富裕，年轻时学业有成，高中进士，官运亨通。也许是家

世背景太好，养成了王翰不羁的个性，不仅写诗作文一派豪放，生活中也鄙弃约束，个性飞扬。在做官期间，他家中养着名马名禽，甚至还有自己的乐舞团队。他常常呼朋唤友，聚在一起开怀畅饮。这些作为，被当时官场的很多人看不惯，经常遭到诟病，也使得他不断被贬，官职越做越小。然而，这一切并没有改变他豪爽的个性和潇洒的生活方式，反而让他渐渐形成了那些循规蹈矩的人不能拥有的壮阔胸怀，这份豪迈便体现在了他诗歌的字里行间。王翰在这首《凉州词》中，再现了西北战场戍边将士们的生活和精神风貌。葡萄酒和以美玉为材质的夜光杯是西域特产，这一句含蓄点明了地点，同时也让读者恍如就在现场参加一场盛大的欢宴。遗憾的是，就在大家要举杯痛饮的时刻，远处传来急促的琵琶声，仿佛在催人出征。由此可以想象，这是将士们满怀豪情即将出发前的壮行宴。诗的后两句，读来颇有劝酒意味，既然即将上阵杀敌，那么，喝醉又何妨？也许这是人生的最后一杯酒，毕竟自古以来，没有多少人能从征战中安全地回来。

这是一首感情色彩急速反转的名作，如果说前两句仿佛突然拉开盛宴的序幕，那么，后两句则呈现出一群视死如归的将士和他们在战争中的悲壮命运。

琵琶伤别离

中国古人借乐器、乐曲来表达内心情感由来已久，王翰在这首《凉州词》中借用的乐器是琵琶。琵琶诞生于秦朝，原本叫作“批把”。这两个字源于弹拨琵琶的两个动作，右手向前弹叫作“批”，右手向后挑叫作“把”，这是琵琶弹奏时最主要的两个动作。后来，中国有了“琴”“瑟”这样的乐器，为了在字形上统一，“批把”演变为“琵琶”。琵琶的形状很像切开的半个鸭梨，下面最大的“梨肚”是这种乐器的共鸣音箱。

古代西域地方的琵琶常常是骑士在马上弹奏的，节奏快而激越，促人奋进，从“欲饮琵琶马上催”这一句即可想见，伴随着琵琶声越来越紧凑，出征也迫在眉睫。事实上，琵琶在传入中原后渐渐演变为雅乐的乐器，在表达感情时也多了婉约和悲怆。

在中国诗歌史上，对琵琶有过最深情描述的诗歌当属白居易的作品《琵琶行》。诗人在这首诗中写下了他在担任江州司马时偶遇一位弹奏琵琶的女子的故事。琵琶女曾是酒家女，年轻时有倾城容貌，年纪大了嫁给商人做妻子，与丈夫聚少离多，一番自悲身世的弹唱，引得白居易当场落泪。在这首诗中，诗人笔下的琵琶有着绝美音色和悲情腔调：“大弦嘈嘈如急雨，小弦切切如私语。嘈嘈切切错杂弹，大珠小珠落玉盘。”他对琵琶弹奏和声色的描写，流传至今。

西域胡笳声

王翰在中国诗歌史上有独特的地位，众多后人评价他的作品高旷豪迈、壮怀激烈。但遗憾的是，他流传下来的作品并不多。事实上，他的作品中以《凉州词》命名的诗歌还有另一首："秦中花鸟已应阑，塞外风沙犹自寒。夜听胡笳折杨柳，教人意气忆长安。"这首诗同样是边塞诗的杰出代表。在这首诗中，诗人的情绪更加深沉。同是深夜时分，"秦中"与"塞外"截然不同，一面是鸟儿已安睡，一面是风沙彻骨寒，在这样凄清的夜晚，忽然传来胡笳声声，吹奏着引人伤怀的《折杨柳》，怎能不让戍边的战士生出思念家乡长安的离愁别绪？

在这里，诗人提到的胡笳与琵琶一样是西域特有的乐器，不同的是，胡笳是吹奏乐器，琵琶则是弹拨乐器。在空茫的西北边陲，在夜静更深的广漠沙海，胡笳的声音格外凄楚，对于离乡背井为国戍边的人来说，自然更是不忍卒听。

咏怀古迹·其三

[唐]杜甫

群山万壑赴荆门，生长明妃尚有村。
一去紫台连朔漠，独留青冢向黄昏。
画图省识春风面，环佩空归夜月魂。
千载琵琶作胡语，分明怨恨曲中论。

出塞

［唐］王昌龄

秦时明月汉时关，
万里长征人未还。
但使龙城飞将在，
不教胡马度阴山。

最爱少年游

用今天的标准来评价唐朝诗人王昌龄，他堪称“学霸”。他生逢唐玄宗李隆基治下的“开元盛世”，正是唐朝诗歌、文学的鼎盛时期。王昌龄不足30岁进士及第，获秘书省校书郎官职，也就是在专门收藏和管理国家典籍的机构负责校准典籍并订正讹误。四年后，他再度参加科考，又以“博学宏词”进士及第，赴河南汜水担任县尉官职。尽管两中进士，王昌龄却一生都没有机会成为高官，才华卓著和声名远播使他遭到很多朝廷官员的嫉恨，不断被贬职，甚至一度被贬到偏远落后的湖南黔阳所属龙标县担任小小的县尉，因此，后世人也称他为“王龙标”。

作为享有盛名的边塞诗人，王昌龄留下许多脍炙人口的边塞诗，这些诗作大多是他获取功名之前，也就是在青少年时代游历西北边陲时的作品。唐玄宗时期，文人中流行着从军的热潮，很多人渴望通过戍边、远征来获得朝廷认可，一面报效国家，一面博取功名，同时，也为自己的文学和诗歌创作增加亲身体验和新鲜素材。在边塞诗人中，王昌龄、高适和岑参并称“三杰”，但若从年龄和阅历来说，当王昌龄漫游西北边地积累边塞生活体验、创作大量边塞诗歌时，高适还没有开始边塞生活，岑参才只是 11 岁的少年。因此，后人相信，王昌龄才是唐朝边塞诗的创始人和先驱者。

互文出新意

中国古汉语中有一种交替使用不同的词表达相同意思的修辞方式，叫作“互文见义”，王昌龄的《出塞》便是使用这种修辞方式的最好例子。第一句“秦时明月汉时关”，并不是在讲作者在西北边疆所见到的是“秦朝的月亮”和“汉朝的关隘”，这里的“秦”与“汉”、“月”与“关”就是彼此互文的使用方式，形成了你中有我、我中有你的关系，即秦汉时的明月和秦汉时的雄关，两者都是历史的见证。诗人开篇勾画了大漠荒凉、边关冷月的景象，用代表着朝代的“秦”“汉”两字来表明，自古以来这里便从未停止过战事。正因如此，多年来无数守卫边疆的将士都是有去无回，将自己的青春和生命贡献给保家卫国的事业。战争为人民带来灾难，如何才能拥有和平的日子？作者不禁想起曾多次打败匈奴的名将卫青和李广，假如他们还活在世上，还在带兵打仗，那么，盘踞北方的匈奴铁骑根本没有机会跨过阴山山脉这座天然屏障而抵达中原。

《出塞》从遥远的秦汉起笔，让人感受时间上的辽远，而与之相配合的明月与边关正是眼前的实景，瞬间将历史与现实结合在一起。随后，又用征人不得归乡的事实，讲明在这片土地上从未有过真正的安宁。读到这里，读者自然而然地会理解，多少年来，多少代人都在期盼着不再为战争所困扰，过上祥和、幸福的生活，这也正是诗人的愿望。古人用明月、关山来表达怀古苍凉的作品不在少数，但像这样一气呵成又气势雄浑的诗歌绝无仅有。由此可见，王昌龄的确是边塞诗人中的翘楚。

将军留盛名

古人写诗、写文章喜欢引经据典，就像今天人们会在行文中通过举例子的方式来丰富作品的内容，增加文章的说服力和亲和力。在阅读古典诗词的时候，了解诗人信手拈来的典故可以更好地理解诗人所表达的情感、观点，深入体会诗词的艺术性。

在《出塞》中，王昌龄在“但使龙城飞将在”这一句中提到了两名在西汉时期北击匈奴的著名将领，“龙城”是卫青，“飞将”是李广。

卫青是汉武帝第二任皇后的弟弟，算是皇亲国戚，原本他可以养尊处优地享受皇家身份带给他的荣耀和安逸，但是，身怀将帅之才的卫青选择了为国出征。卫青打的第一个胜仗是“龙城之战”，在此之前，汉朝疆土每每被匈奴进犯，卫青的胜利，狠狠地挫败匈奴，扭转了战局。

李广是与卫青齐名的军事奇才，匈奴人称其为“飞将军”。李广一生与匈奴战斗无数，屡获战功。曾经有一次，他因寡不敌众而被匈奴军队俘获。匈奴人将李广夹在两匹马的中间拖着走，李广佯装自己已经死去，匈奴人信以为真，放松了警惕，结果，李广趁其不备飞身上马奔回了军营。

卫青和李广，名震北疆，由于他们的存在，匈奴人不敢轻易进犯中原，边疆地区的人民得以享受平静的生活，他们也因此被后人纪念和缅怀。

从军行七首·其四

[唐]王昌龄

青海长云暗雪山，孤城遥望玉门关。
黄沙百战穿金甲，不破楼兰终不还。

芙蓉楼送辛渐

［唐］王昌龄

寒雨连江夜入吴，
平明送客楚山孤。
洛阳亲友如相问，
一片冰心在玉壶。

伤别芙蓉楼

在江苏省镇江市金山脚下，有一座因王昌龄的七绝《芙蓉楼送辛渐》而名闻天下的古建筑——芙蓉楼，自金山上的古刹江天禅寺，也就是民间传说《白蛇传》中提到的金山寺下行至水滨，乘摇橹小船即可抵达。这里是游历镇江必到之所，在此可以遥想盛唐时期两位好友的一次感伤告别。

彼时，诗人王昌龄担任江宁丞，他任职的江宁，就是今天的南京。那是个阴雨连绵的日子，为了给即将启程到洛阳的好友辛渐送行，王昌龄不辞舟车劳顿，来到芙蓉楼，在这里宴请辛渐，与他把酒话旧情。次日，他们在江边依依惜别，王昌龄写下了这首饱含深情的千古绝唱。

分离总让人感到凄凉，偏偏又连天大雨，越发让诗人心中的离愁别绪难以平复。清晨与友人话别，他倍感孤单。远远望去，江上一片雾霭，山水隐隐相连，就连依稀的山峦，也呈现出孤独的样貌。古时候，南京、镇江一带曾先后归属于吴国和楚国，了解了这一点，就理解了诗人笔下的“夜入吴”和“楚山孤”，对于诗人来说，无论是吴地还是楚疆已不再需要考证，此刻唯有内心的惜别之情才最为真切。王昌龄的官宦生涯少有顺遂的时候，被构陷、被贬谪对他来说已经是常态，一次次与旧友告别，也成为他人生中不断翻演的悲情瞬间。他有一怀心事，渴望与人诉说。在离别将近的时分，他殷切地叮嘱好友：你到了洛阳，如果亲友们问起我的近况，请一定告诉他们，我和以前一样，依然保持着玉壶藏冰般高洁的本色。

在层出不穷的送别诗中，王昌龄的这一首浑然天成，感情饱满而不着痕迹。至今，“洛阳亲友如相问，一片冰心在玉壶”依然是人们用来表明志向的佳句。

知音最难求

尽管王昌龄仕途不顺，但他性格中的豪爽、仗义和他不羁的才华，让他结交了很多诗人朋友。李白就是与他惺惺相惜且令他格外珍惜的一位知己。

王昌龄曾到湖北襄阳鹿门山拜访大诗人孟浩然，两人一见如故。然而，王昌龄离开不久，孟浩然就去世了，这让王昌龄遗憾不已。命运关上一扇门时，常常会打开一扇窗。正在为痛失好友而悲伤的王昌龄没想到，自己在行至巴陵（今湖南省岳阳市一带）附近时，偶遇被贬官赴夜郎（今云贵高原东北部）途中的李白。他仰慕李白已久，这次相遇令他喜出望外。初次相见的两位诗人谈天说地非常投缘，于是，王昌龄提笔写下《巴陵送李十二》赠给李白。他在这首诗中写到了洞庭湖的波光秋色早已名声在外，之后笔锋一转，说自己并没有心情去赏秋，眼前只有江天一色的苍茫。人们常说“诗以言志”，诗人此时与好友都处在人生的变故中，遇见知己却不能相守，马上就要各奔东西，谁还能有心情去欣赏湖光山影呢？这是王昌龄对李白的诉说，也是对自己心境的再现。

巴陵一别，王昌龄很快又被贬谪，这一次是到偏僻荒凉的龙标县赴任。听闻此事，李白以一首《闻王昌龄左迁龙标遥有此寄》送给王昌龄，借诗歌表达自己对友人遭遇不公的愤怒与担忧。李白在诗中写道：“我寄愁心与明月，随君直到夜郎西。”李白是性情中人，仅从这一句，就可以看出他与王昌龄的友情之深。

最难归乡路

王昌龄是名满天下的边塞诗人，在中国诗歌史上拥有独特的地位。作为诗人，他无疑十分成功，但是作为一名通过科举考试谋求仕途发展的文官，他的一生则非常坎坷。写了那么多读来令人振奋昂扬的边塞诗，表达着强烈的爱国热情的王昌龄，却一辈子都不曾实现自己的报国梦。

在 59 岁那年，王昌龄终于可以结束艰难而曲折的官场生涯，告老还乡，他再也不用为了要实现治国平天下的理想而与自己所不齿的同僚们周旋为伍。此时的唐朝，因为“安史之乱”而战事频繁，民不聊生。王昌龄在途经安徽与河南交界处的亳州时，被担任亳州刺史的闾丘晓杀害。史书中关于王昌龄之死的记载非常少，因此，闾丘晓为什么要杀害已经垂垂老矣的王昌龄依然是个谜。

令人欣慰的是，王昌龄去世后不久，宰相张镐被任命为河南节度使，他以贻误军机罪处死闾丘晓，算是为王昌龄报了仇，也让喜爱这位诗人的读者看到了王昌龄惨淡人生中获得的最后一丝正义。

闻王昌龄左迁龙标遥有此寄

[唐]李白

杨花落尽子规啼，
闻道龙标过五溪。
我寄愁心与明月，
随君直到夜郎西。

鹿柴

［唐］王维

空山不见人，
但闻人语响。
返景入深林，
复照青苔上。

淡泊才子

中国诗歌源远流长，人们对于自己喜爱的诗人，从不吝惜赞美。李白因激情浪漫而被称为“诗仙”，杜甫因悲悯生民而被称为“诗圣”，王维则因为他在诗歌中表现出的澄明禅意和淡定心态，被人们称为“诗佛”。

王维出生于盛唐时期，此时正是中国诗歌、文学、音乐、艺术都得到空前发展的文化盛世。史书记载，王维 30 岁高中状元，也有人说是进士及第，但无论怎样，他的博学多才无人置疑。事实上，在诗人云集的都城长安，土维的名声极为响亮，他出名时年仅 15 岁，远在出仕之前。

根据与王维同时期文人散见在文献中的记录，15 岁的王维是个风度翩翩的白衣少年，不仅出口成章，而且精通音律，更弹得一手好琵琶。他和他的弟弟王缙来到长安，立即成为皇室王爷们家中的座上宾，大家以能倾听王维的演奏和第一时间读到他写的诗为荣。

凭着科举考试走上仕途的王维担任的第一个官职是太乐丞，即一名掌管皇家礼乐的小官。很快，王维就被贬到今天山东济宁附近去管理粮库，之所以被贬职，是因为他的属下在他不知情的情况下表演了“黄狮子舞”，而这项表演是只供皇帝娱乐的项目，并非可以随意在民间场合展示的。多年以后，王维才得到重返长安的机会，这一次，他被改封监察御史，这个官职的责任是监督百官并随时上报朝廷，但实际上职位很低微，不能入朝，即使被召进宫，也只能从皇宫的边门出入。

经历了这样的起落，王维看淡了仕途，越发向往寄情山水的悠闲生活。他在长安附近蓝田县的辋川为自己建造了一座别墅，并在这里修道、读书、吟诗、作画，与友人清谈、畅饮，过着半隐居的生活。也正是这样的心境和生活状态，决定了他最终以“山水田园诗人”的名号在中国诗歌史上占据一席之地。

诗中有画

宋代文学家苏轼曾评价王维的诗歌是“诗中有画”。《鹿柴》这首诗就是这样。王维不仅是诗人，还是画家和音乐家，他在这首诗中用短短20个字实现了这三者的绝妙结合。

王维的住所所在地辋川是一个风景优美、山林幽静的地方，著名的辋川二十景为唐朝诸多诗画高手所向往，王维的友人们也纷纷在此流连，《鹿柴》所描述的正是鹿柴附近的空山深林。寂静而空阔的山中，渺无人烟，偶尔在其中的人，原本会有孤独的感觉，然而，不期然传来的人声，又让行走在山中的人惊喜地发现，原来自己是有同伴的，虽然看不到他们的身影，却能因这亲切的说笑声而让空寂的深山活跃起来。这首诗不着痕迹地营造了由静到动、由无声到有声的境界。窃窃私语、巧笑顾盼的人们在做什么？只可想象。山依旧空旷，林复归平静。这个静谧的时刻，山中人凝神静气，忽然看到夕阳穿过层叠的绿树枝叶，将光芒悄悄洒在了山石的青苔之上。无声到有声，又复归无声，这个过程，是人在山中静听和凝思的过程，也是山景、山光变幻的过程。

王维善于在诗中营造这样宁谧的意境，更善于用一连串的画面来描述自己的所见，也引领读者身临其境。他一生中这样的作品很多，与《鹿柴》齐名的是《鸟鸣涧》。这首诗是这样写的："人闲桂花落，夜静春山空。月出惊山鸟，时鸣春涧中。"因为静谧，人的注意力会格外集中，这才能看到小小的桂花跌落树下；因为太静谧，月亮升上天空也仿佛有微微的破空之声，凝神的山中鸟儿竟被惊起枝头，在山涧中叫一声，惊醒了凝视桂花的人。这首诗的精妙与《鹿柴》可谓异曲同工。

画中有诗

王维不仅是诗人，还是名垂青史的画家。他的山水田园画被认为是中国这一类型画作的开山之作。苏轼也曾评价王维的画是“画中有诗”。

《辋川图》是王维的代表作。这幅作品的真迹并没有流传下来，今天人们能看到的《辋川图》全部是他去世之后历朝画家临摹的作品。有意思的是，每一朝代都有不止一位画家临摹前代同行的这幅作品，越是临摹得多，距离原作的韵味也就越远。

尽管不能看到王维亲笔描绘的《辋川图》，但从林林总总的临摹作品中，依然可以看到王维那些脍炙人口的山水田园诗的影子：画中的人，格外宁静，有着世俗凡人不具备的清丽和淡泊；画中的山水，格外秀美，有着世外桃源般的宁静和谐。这一切，是王维的诗境，也是他一生的追求。

山居秋暝

[唐]王维

空山新雨后，天气晚来秋。
明月松间照，清泉石上流。
竹喧归浣女，莲动下渔舟。
随意春芳歇，王孙自可留。

17

送元二使安西

[唐] 王维

渭城朝雨浥轻尘，
客舍青青柳色新。
劝君更尽一杯酒，
西出阳关无故人。

阳关三叠

在唐朝诗人中，王维是一位拥有多方面才能的大家，他是诗人、画家，同时还是音乐家，擅长琵琶演奏。王维少年游历长安，为的是能依靠自己的才华走上仕途，实现文化报国的青云之志。

唐诗本是可以配乐演唱的歌词，少年王维初到长安，就写下被人们广为传唱的《相思》：“红豆生南国，春来发几枝。愿君多采撷，此物最相思。”在世风开化的盛唐，这样的诗歌被正值青春年华的少女们所喜爱，也为他赢得了才名。他的很多诗歌都被作为“时代曲”在民间流行。很快，王维成为岐王家的座上宾，岐王是唐玄宗的兄弟。也正是由于这样的身份，王维才有机会见到当朝公主。

某日，玉真公主到岐王宅邸赴宴，宴席上，岐王请王维即兴弹奏琵琶。一曲《郁轮袍》结束，公主如醉如痴。仔细询问，公主才意识到，原来自己喜爱的《相思》《九月九日忆山东兄弟》等名篇，居然都出自这名少年。得到公主赏识的王维此后参加科考，取得了优异成绩，从此得到机会入朝为官。

在中国音乐史上，有一首著名的古琴曲名为《阳关三叠》，其词曲的根本正是王维的代表作《送元二使安西》，也有传说这首古曲的作曲者正是王维本人。《阳关三叠》诞生于唐朝，在以后的历朝历代不断被改编，衍生出很多版本，但其中的基本旋律依然脱胎于唐朝这一版，而无论以怎样的方式来重复演唱、一唱三叹，基本唱词依然是《送元二使安西》这短短四句诗。

杯酒惜别

王维入朝为官后，曾被朝廷指派到西域慰问在那里戍边的将士。他曾亲身到达唐王朝为了控制西域而建立的安西都护府，对西北边疆有着足够的了解，写下了“大漠孤烟直，长河落日圆”这样壮阔的诗句。他深知边塞生活的艰苦，因此，当他的朋友元二要到西北边陲时，他在依依惜别的同时，也为朋友的未来感到担忧。

渭城就是今天的陕西咸阳，在长安城西，依傍着渭水河。一场匆忙

的晨雨沾湿了原本飞扬的尘土，此时的长安城刚刚迎来柳树新绿的早春，驿道边上给行脚客人准备的舍馆被垂柳掩映着，静美如画，格外令人不舍。唐朝有着浪漫的文化氛围，从诸多文学作品中，总能看到唐朝人生活的优雅格调。借着王维的诗句可以想象他与元二在此饮酒话别时的场景：很多话不知怎样说出口，千言万语最终化为杯中醇酒。这时的诗人胸中满是依恋，却不知如何表达，最终，他只能劝朋友：再多饮一杯酒吧，这一路向西，出了古老的阳关，到哪里再去寻找朋友？到何时才能再与朋友一起畅饮长安美酒？

好的文章需要剪裁，而诗歌作为凝练的语言则更需要精剪。王维是擅长化繁为简的高手，晨雨、客舍、新绿、杯酒和一句简单的劝酒的话，已经足以将惜别之情表达得淋漓尽致。读者自然而然地从诗中意象的“少”，尽情体会出内心情感的“多”，这是真正的情到深处，无以言表。

古关犹在

在很多唐诗特别是边塞诗、送别诗中，“阳关”是经常出现的一个地名。阳关最早设立于西汉，目的是防止西北游牧民族对中原的骚扰。伴随着汉武帝时期张骞出使西域，联络西域各国，直至开拓出以长安为中心连接西亚和中亚的丝绸之路，促成中国与亚洲其他国家的交通贸易之后，阳关成为中国内地与西北边陲之间最重要的关隘之一。古阳关遗址在今天甘肃省敦煌市西南的古董滩上。

无论汉朝，还是此后的唐、宋，阳关都是出塞的必经之处，是扼守西北陆路交通的咽喉要地。这里有连绵的山川和奔腾的河流，有浩瀚的沙漠和富饶的绿洲，汉唐将士以阳关为据点，守卫中原的安全，同时也承受着多变气候带来的风沙与酷寒，忍受着频繁战事带来的危险以及远离故土、思念亲人的孤独煎熬。很多诗歌和文学作品都告诉读者，走出阳关，便是远离了家乡，远离了发达的中原地区，前途难卜。背向阳关，犹如背对家园；而走进阳关，则是回归亲人的怀抱，回到安定的生活之中。当年高僧玄奘从印度取经归来，就是取丝绸之路南道，从阳关入长安。在后世记载中，东归入长安，成为他此行圆满的标志性事件。

在诸多唐宋诗词和古典文学作品中，阳关是离别处，是戍边将士慷慨悲歌的壮行处，也因为起始于王维的《阳关三叠》成为悲情的代名词。

鹧鸪天·送人

[宋]辛弃疾

唱彻阳关泪未干，功名余事且加餐。
浮天水送无穷树，带雨云埋一半山。

今古恨，几千般，只应离合是悲欢？
江头未是风波恶，别有人间行路难！

18 九月九日忆山东兄弟

［唐］王维

独在异乡为异客，
每逢佳节倍思亲。
遥知兄弟登高处，
遍插茱萸少一人。

佳节又重阳

对于中国人来说，很多传统民俗节日都有着悠久的历史，重阳节也是如此。

和很多民间节日都被中华民族赋予了特别的人文含义一样，重阳节本身就是中国特色的祈寿节，也是敬老节和登高节。重阳节的诞生可追溯到春秋战国时期，到了汉代，皇宫中每年都会选择在重阳节这一天举办活动。传说，汉高祖刘邦宠爱的妃子戚夫人被皇后吕氏杀害，戚夫人的侍女逃亡到民间，也将宫中过重阳的礼制带到了民间，从此，民间也有了过重阳节的习俗。

中国的传统节日大多根据农历设定，重阳节即农历九月初九。中国是农耕古国，人们相信春天播下的种子到了秋天能果实累累是上天的恩赐，而农历九月正是粮食丰收、果蔬飘香的收获季节，人们要在这时对天地表达感谢，也要为家中的长辈、亲人祈求福祉。于是，人们在重阳节吃重阳糕、饮菊花酒、登高远眺、佩戴茱萸，为的是让自己和亲人们身体健康、多福多寿。

至今，很多制作糕点的老字号店里，每年的重阳节仍然会有应时的重阳糕出售。在古代，人们在重阳糕表面插上点燃的小蜡烛，通过“点灯”“吃糕”中的“灯”（登）和“糕”（高），讨一个好的口彩。重阳节前后的大江南北正是金色的秋季，人们在这时与亲友结伴登山赏秋，极目远望，视野开阔，心情自然舒畅。

游子念故乡

《九月九日忆山东兄弟》是在重阳节这一天，诗人王维身在他乡思念故乡亲朋所写下的真情实感。据学者考据，写这首诗的时候，王维年仅17岁，正是他离乡背井，在长安求取功名的时候。尽管王维才华横溢，少年得志，初到长安时已经成为王府中的座上宾，但是，无论长安如何一派繁华，自己前程如何一片锦绣，对于一名少年游子来说，在一个原本应该与亲人共同度过的节日里想念家人和朋友，实属人之常情。

工维 生写过很多感情真挚的传世名篇，这 首则格外独特，它的

最大特点就是将深挚的思乡、念旧之情以最为质朴的语言表达得淋漓尽致。中国人将节日称为佳节，佳节也是“家节”，许多传统节日都以与亲人的相聚和团圆为基础，是真正阖家共度的节日。在这样的节日里，身边尽是举家共享节日之乐的景象，作为孤身在异乡的人，则更加思念自己的家园故旧。人在异乡，以卓越的才华赢得尊重并融入新的文化氛围对于王维来说并非难事，然而，要真正与异乡的人们成为知己，却是难之又难。“异乡”是人们熟悉的称谓，而“异客”则是王维的首创。两个“异”，表达着诗人对自己身份的认定和内心的孤独感。在这样的情境下，诗人的神思回到了故土，他仿佛看到自己的亲朋旧友们正在携手登高，在这些佩戴着茱萸共度重阳佳节的人当中，唯独少了他这个远望故土思家心切的人啊！

千余年来，不知有多少游子还在念着“每逢佳节倍思亲”，独自体味飘零的感伤。

故我不可见

人的一生际遇常常被时代所裹挟，王维的一生也不平坦，他向往着山水田园生活的静美，却最终因世事动荡而不可得。

在唐玄宗统治中期，爆发了“安史之乱”，安禄山和史思明联手要推翻李家王朝，唐朝社会陷入一片混乱，战事不断，民不聊生。安禄山的叛军攻陷长安之后，王维被安禄山俘获并带到洛阳，囚禁在菩提寺中。

王维数次想到要自杀以成全自己的一生名节，但是，最终没能下定决心。在安禄山的威逼之下，王维被迫出任文官，他的绝世才华成为一名叛贼附庸风雅的点缀。此后，“安史之乱”平息，唐玄宗重返长安，重整朝政，将王维作为唐朝的叛徒投入监狱。王维的弟弟王缙此时因平息叛乱有功而得到升职和嘉奖，为了给兄长留下一条活命，王缙上书皇帝，愿自降官职。以往朝中与王维相熟的官员和长安城里的诗人们也想尽办法为他求情，这样，王维才得以活下来。此时，他已经57岁，他的人生理想和政治抱负都已消磨殆尽，除了活着，他对未来不再有任何期待。

60岁那年，王维被唐玄宗的儿子唐肃宗任命为尚书右丞，这是他一生做过的最高官职。然而，已经丧失了志向的王维只就任一年便黯然离世。

蜀中九日

[唐]王勃

九月九日望乡台，他席他乡送客杯。
人情已厌南中苦，鸿雁那从北地来。

19

天竺寺八月十五日夜桂子

[唐] 皮日休

玉颗珊珊下月轮，
殿前拾得露华新。
至今不会天中事，
应是嫦娥掷与人。

人生得意有诗篇

在中国历史上有很多爱喝酒的诗人，生活在晚唐时期的皮日休就是其中之一。生于今湖北天门的皮日休出身寒门，常以“间气布衣”作为别号，又因为常在酒后挥笔写出一首首好诗而自称“醉吟先生”。

皮日休成名很早，伴随着他的诗歌作品不断被传颂，在20岁的时候，他的名气就已经很大。但是，正如中国古代很多才华卓越的人往往因个性鲜明而不被当朝权贵接纳一样，皮日休在仕途上并没能凭借才名而平步青云。在唐朝，为了让民间有能力、有才学的人参与治国理政，国家以科举制选拔人才，青年皮日休一度在考试中脱颖而出，高中进士。

这是他人生得意的时刻，《天竺寺八月十五日夜桂子》就是在这种意气风发的状态下写出的名作。他本以为从此可以大展宏图，无奈的是，没有达官显贵的举荐，他只得到了一个很小的官职。在卑微的小官宦生涯中，他渐渐感觉到自己很难有实现报国理想的机会，加之身边很多职位高于他的地方官吏迫害百姓、为害一方，让他对现实更加失望。此时正值唐朝末年，经济衰退、民不聊生，农民领袖黄巢发动起义要推翻唐朝的统治，皮日休参加了起义。起义军攻陷都城长安之后，黄巢称帝，皮日休被任命为翰林学士，这是他一生做过的最高官职。不久，黄巢败亡，皮日休下落不明，中国诗坛从此失去了一位优秀的诗人。

广寒宫中多故事

唐诗宋词中描写中秋赏月的诗歌很多，《天竺寺八月十五日夜桂子》历来被认为是上乘之作。诗人的语言非常简洁、纯朴，用字遣词却别具匠心。中秋之夜，浩瀚的天空中月大如轮，月光映照下，桂花像碎玉一般飘落满地，徜徉在天竺寺大殿前的诗人捡起一朵，隐约可以看到上面晶莹的露水。具象的描写在这里结束，诗人随后展开联想：天上有多少故事，世人怎能得知，就当这些清新的花儿是嫦娥抛给人间的中秋礼物吧！

在这首诗中，隐含了两个民间传说——其一是嫦娥奔月，其二是吴刚伐桂。

传说嫦娥是古代射日英雄后羿的妻子，后羿经常外出，留在家中的

嫦娥很寂寞。有一天，她偷吃了王母娘娘给后羿的仙丹之后，竟然飘飘悠悠地飞升到了月亮上去。月亮里的嫦娥住在广寒宫中，年复一年，只有一只白兔日夜陪伴在她身边。这就是民间关于嫦娥奔月的故事。与嫦娥同样守着广寒宫度日如年的还有一名仙人叫作吴刚，他是嫦娥的好朋友。来到月宫之前，吴刚是值守天宫南门的官员，他常常跑去和嫦娥聊天，为此疏忽了自己的本职。这件事被玉帝发现了，为了惩罚他，玉帝命他每天在月宫中砍伐桂树，并且告诉他，如果他可以砍倒桂树，就准许他带着嫦娥离开月宫去过自由自在的日子。遗憾的是，这棵高达1600多米的桂树有神奇的自愈能力，吴刚每砍一斧，桂树都能马上弥合斧痕恢复原状，因此，伐木的吴刚只有不停地砍啊砍。

了解了这两个民间故事，就不难明白皮日休所说的那些难以了解的“天中事”了，原来那正是嫦娥和吴刚的传奇。

最是三秋桂花甜

中国古代文人心怀浪漫，对于自己喜欢的事物，总会给予美好的名字。皮日休诗中所提到的“桂子”其实就是指桂花，两者相比，桂子更显文雅，桂花更加直白。桂花树在中国的种植历史十分悠久，关于它的文字记录，最早出现在先秦时期关于山川风物的名著《山海经·南山经》中。从汉朝开始，清香悠远的桂花成为名贵的花卉，甚至成为贡品。桂花在秋天盛开，在杭州、南京、苏州等江南古城，金秋季节满城洋溢着桂花的香气。中国人认为桂花象征着崇高荣誉和吉祥如意，因此他们常常以“折桂”来指一个人在竞赛或考试中获得第一名。

作为一个出产美酒的国度，中国的名酒榜单中也为桂花酒留下一席之地。中国有悠久的酿酒历史，但是，人们更愿意相信桂花酒是由吴刚传到人间的。传说吴刚得知人间没有桂花树，便带着桂花籽悄悄来到人间，扮成一名受伤的青年摔倒在一位大嫂的门前。大嫂对他精心照顾，渐渐恢复了体力的青年却不辞而别。大嫂担心青年的安危，四处寻找时遇到了一位白须老者。这名老者将桂花籽交给大嫂并传授她种植桂花和酿造桂花酒的技术以赞赏她的善行。从此，桂花开满人间，桂花酒也成为中国名酒。

桂花

[元]倪瓒

桂花留晚色，帘影淡秋光。
靡靡风还落，菲菲夜未央。
玉绳低缺月，金鸭罢焚香。
忽起故园想，泠然归梦长。

静夜思

［唐］李白

床前明月光，
疑是地上霜。
举头望明月，
低头思故乡。

望月思乡

不知道有多少中国儿童曾以唐朝诗人李白的《静夜思》作为认识唐诗的启蒙之作。对于李白这个名字，人们都十分熟悉。作为盛唐时期浪漫主义诗人的代表，他的灿烂诗歌、他的惊世传奇、他的独特气质，让唐诗的浩瀚星空闪耀着更加动人的光彩。

即便是今天，对于大作家来说，小作品也往往是较为难写的。在严谨的格律中，凭着短短 20 个字，让所见、所思延展成为大气的情致，引发无数人跨越时代的共鸣，而又不失文学的质感和言语的朴素，《静夜思》堪称范本。

月光自小窗倏然洒下，或端坐或静卧的诗人看见了，心生疑惑，这静谧的夜晚，莫不是地上结了一层薄薄的霜？不然何以有这样洁白如雪又闪烁着的皎皎清光？这是诗歌的前两句营造出的从“看”到“想”的意境。这时，夜是宁静的，人是宁静的，整个世界都是宁静的，静到可以听见自己的思想。随后，伴随着诗人的动作，宁静被打破——仰起头来，但见苍穹皓月，此时此刻的天地之间，只有一轮明月与诗人遥相对望，天空的浩渺让月亮在淡淡的众星之中因出挑而孤独，夜晚的清静让不能成眠的诗人因形单影只而寂寞感伤。身世飘零的诗人此时再也不能凝视月亮，他低下头来，想念起久别的故乡。

《静夜思》描写的是普通的生活场景，由于诗人客居他乡的处境，这份“常见”被赋予了独特的含义，引发了自然的联想，因此才能流传至今，成为千余年来无数游子思家时的“代言”之作。

童年情怀

也许李白对月亮有着难以释怀的热爱，在他留下来的诗歌中，月亮就像一位老朋友，总会在不期然中现身。而李白作为一位神思飞驰的诗人，月亮在他的笔下有着各式各样的故事。

与《静夜思》一样，李白在《古朗月行》中同样保持着朴拙的本色，用童话一般的语言，讲述了自己童年望月时的有趣遐想。“小时不识月，呼作白玉盘。又疑瑶台镜，飞在青云端。仙人垂两足，桂树何团团。白

兔捣药成，问言与谁餐？”用今天的语言来解读，这更像一个小故事。小小孩童不知道天空中那个又大又圆的月亮叫什么名字，于是按照自己的想象称呼它为“白玉盘”。仔细想想，又觉得这个“白玉盘”有点像是传说中神仙居住的瑶台上金光闪烁的大镜子，一飞冲天，就挂在了云彩边上。至此，望月的孩子还有一大串问题想问：神话中说的仙人是垂着双脚坐在月亮里吗？为什么那高高的月宫桂树看起来却是圆圆的呢？不是说月宫里住着捣制仙药的白兔吗？如果白兔把仙药捣成了仙丹，又会送给什么人来品尝呢？这些问题萦绕在孩子的脑海中，也让天空中的月亮变得格外神秘。

事实上，这首诗并没有到此结束，在后面，诗人还是做了引申，明月虽美，却远离人间，一想到人世的颠沛流离，再美的夜晚也难免引人伤怀。然而，对于今天读诗的少年来说，读到白兔捣药，读到桂树团团，已经是美的享受，就让这份洋溢着童年情怀的美丽在这里戛然而止，也不失为好的选择。

月亮诗仙

千余年来，对于读者，李白一直是一个谜一样的人物，关于他的出生地、他的身世和他的去世，众说纷纭，难以考据。

读李白的诗不难发现，他除了热爱月亮，还非常喜欢饮酒。他有一组将月亮与美酒结合在一起的名作，叫作《月下独酌》。诗人在花丛间摆上酒，却没有朋友相伴，举起酒杯邀请天上的明月，再加上月光下自己的影子，原来恰好是三个“人”呢。浪漫的李白渐渐大醉，不由得独自高歌、舞蹈，这时，月亮仿佛跟随诗人的脚步徘徊跃动，影子凌乱着也仿佛加入到歌舞之中……这是多么动人的画面，这个世界上又有多少人能将孤独化作享乐？“举杯邀明月，对影成三人”的李白，内心有一种天人合一的胜境，他，就是这个胜境的主人。

关于李白之死有很多种说法，在民间，人们最愿意相信的是“酒后捉月”一说。传说，李白在他生命的最后一天，仍然喝得酩酊大醉。这位“酒中仙”看见清清湖水中有一轮圆圆的月亮正在注视着他，那不是曾经一起饮酒、歌舞的“老朋友”吗？李白举身投入水中，去寻觅这位陪伴了他一生、从不曾离弃的“伙伴”。

千百年来，无论史书怎样写，人们仍然将这个故事代代相传——李白是去投奔了他的挚友月亮，他们在天上从此永不分离。

月下独酌四首·其一

[唐]李白

花间一壶酒，独酌无相亲。
举杯邀明月，对影成三人。
月既不解饮，影徒随我身。
暂伴月将影，行乐须及春。
我歌月徘徊，我舞影零乱。
醒时相交欢，醉后各分散。
永结无情游，相期邈云汉。

21 望天门山

[唐] 李白

天门中断楚江开，
碧水东流至此回。
两岸青山相对出，
孤帆一片日边来。

仗剑赴长安

李白在中国诗歌史上有着独特的地位，他是中国最伟大的浪漫主义诗人，有着“诗仙”的美誉，只有战国时期楚国诗人、写过《离骚》的屈原能与他相提并论。他个性鲜明，神思飞扬，每每下笔总有雄奇之势，用词遣句瑰丽、豪阔，联想出人意料。

出生于富裕商人家庭的李白，从小衣食无忧，他的父亲非常重视学习，为他创造了优越的读书环境，使他得以饱读诗书而不必为生活所累，同时也养成了他豪放潇洒、崇尚自由的不羁个性。李白开蒙时只有 5 岁，很快能读书写字、出口成章。他的家在今天的四川省江油市青莲镇，是

古蜀国的所在地，24 岁之前，他一直在这里过着读书、写诗、学习剑术的悠闲日子。

在写给友人的诗中，李白说自己在 25 岁时离开巴蜀故乡，“仗剑去国，辞亲远游”，也是从这时开始，他走上了奔赴长安寻求功名的道路。

很多史料中都有李白曾是位“剑侠”的描述。据统计，《全唐诗》收录的李白诗中“剑”字共出现了 107 次，除去作为地名的“剑阁”3 次、“剑壁”1 次，武器之“剑”犹有 103 次之多。他在一篇名为《侠客行》的诗中写道：“十步杀一人，千里不留行。事了拂衣去，深藏功与名。”李白是否真的做过剑侠，至今无考，但是，他笔下身手不凡的剑客，的确是他理想中的自我——他希望自己不仅是一个文人，而且是一个文武双全能济世报国的英雄豪杰。

多才多艺的李白还是一名书法家。在中国书法史上，负有盛名的《上阳台帖》就出自他的手笔，被后世许多学人研究、临摹。遗憾的是，他一生只有这一幅书法作品传世。

舟行天地间

在李白的一生中，出蜀是其最重要的命运转折，从此，他不再是与世无争的读书人，而是一名渴望建功立业的有志青年。

离开家乡的李白一路游历，一路创作，在到达长安之前，他曾在今天的安徽省马鞍山市当涂县作过短暂停留，《望天门山》这首诗就写在这一行走途中。天门山由东梁山和西梁山组成，长江从两座山中间奔腾而过，形成两山夹江对峙的景观，仿佛一道天门被江水劈开，天门山因此得名。

阅读《望天门山》这首诗，最有趣的是知晓李白站在怎样的位置来“望”山。两山原为一体，是什么力量冲击得山分两半如天门洞开？诗人告诉读者，那是浩荡的长江水涌动冲击的巨大力量。透过这一句，读者可以站在诗人的角度清楚地看到天门山被剖成两半，由此也可以知道，诗人应该是在沿江、顺流的角度，才能感受势如破竹般的滔滔江水。随后，诗人看到，东流的江水在穿过“天门”时并非顺利，在两山相夹的狭窄处，江水形成了回旋。至此，读者也许还会认为诗人是静止的。然而接下来，这种认识被颠覆了，诗人看到，两岸青山仿佛次第露出面容、伸出臂膀，那姿态就像在迎接客人。这时人们才明白，原来诗人始终是在动，他正在乘船顺江而下，他乘坐的小船正张扬着那一片仿佛从天边飘来的“孤帆”。

站位的巧妙，决定了视角的独特，加上诗人大气磅礴的构图和语言，赋予《望天门山》与众不同的魅力。

唯我自安然

中国古人有“仁者乐山，智者乐水”的说法，对于李白来说，他对祖国山水的热爱，已经不能以“仁”和“智”来判断，山水给他灵感，山水是他的朋友，山水也是他一生漂泊路上能寄托感情聊以安抚内心的伴侣。

写下《望天门山》时，李白踌躇满志地辞别故土，意气风发，认定有一份锦绣前程正在等待着自己，潇洒洋溢在字里行间。然而，多年之后，历经人世沧桑，历经被贬谪到贫瘠困苦的地方担任卑微官职，历经友人离散和家国动荡，李白的热情已消磨殆尽。同样是写山，在《独坐敬亭山》中，读者看到的则是诗人晚年的通透和淡然。这首诗只有四句："众鸟高飞尽，孤云独去闲。相看两不厌，只有敬亭山。"高阔的天空中鸟儿远飞，留下苍茫长空，原本孤单的一点白云渐渐远去。这两句营造了一个"空无一物"的境界，就像诗人几经奋斗最终却在事业上一无所成的人生。然而，毕竟是李白，是那个一生洒脱总能自我开释的"谪仙人"，面对静美的敬亭山，他告诉自己，这人生已经圆满，毕竟，山不厌人，人不厌山，就让自己和敬亭山做一对沉默的朋友吧！

如果说，《望天门山》中的诗人还是能披荆斩棘的锐气少年，那么，《独坐敬亭山》中的诗人已经成为洞悉世事的安静老者。

将进酒

[唐]李白

君不见，黄河之水天上来，奔流到海不复回。
君不见，高堂明镜悲白发，朝如青丝暮成雪。
人生得意须尽欢，莫使金樽空对月。
天生我材必有用，千金散尽还复来。
烹羊宰牛且为乐，会须一饮三百杯。
岑夫子，丹丘生，将进酒，杯莫停。
与君歌一曲，请君为我倾耳听。
钟鼓馔玉不足贵，但愿长醉不复醒。
古来圣贤皆寂寞，惟有饮者留其名。
陈王昔时宴平乐，斗酒十千恣欢谑。
主人何为言少钱，径须沽取对君酌。
五花马，千金裘，呼儿将出换美酒，与尔同销万古愁。

22

黄鹤楼送孟浩然之广陵

[唐]李白

故人西辞黄鹤楼，
烟花三月下扬州。
孤帆远影碧空尽，
唯见长江天际流。

诗意壮别

李白一生热爱游历名山大川，在游历过程中广交朋友，他广博的见识、真诚的待人之道和飞扬的才华，让他的朋友们念念不忘，也让他每每都能收获友情和知己。

孟浩然是盛唐时期的著名诗人，是山水田园诗派的代表人物。孟浩然年长李白十余岁，当李白满怀壮志离开他度过少年时代的四川之时，孟浩然早已名满天下，许多像李白一样的后来者，都将与孟浩然交往作为一己荣耀。孟浩然与李白虽然诗风不同，但都为人豪爽、潇洒风流。他们相约在江夏畅游，之后在黄鹤楼分别，李白的《黄鹤楼送孟浩然之广陵》就写在此时。

老朋友依依不舍，孟浩然要离开携手同游的黄鹤楼到扬州去，此时的扬州正是一年中最美妙的三月。在中国的许多文学作品中，江苏扬州是一个洋溢着诗情画意的地方，特别是在春季，繁花似锦，美不胜收。而扬州同时还是一个商贾聚集、商业繁盛的发达城市，醇酒佳人，画舫丝竹，都深得文人墨客的喜爱。李白自己就曾在扬州短暂居住，并在那里饮酒、作诗、交游，一掷千金。从“烟花三月”这样的描述，不难看出李白对孟浩然接下来的游历充满羡慕。对故人的惜别和对扬州的神往，让诗人伫立岸边久久不忍离去，朋友乘坐的船渐行渐远，只剩下一片孤帆缓缓消失在天水连接处，浩浩长江仿佛正奔流到天边。

告别往往会引人伤情，可在《黄鹤楼送孟浩然之广陵》中不但看不到感伤，还能感受到诗人在文字间洋溢的热情和飞扬的希望。也许，只有像李白和孟浩然这样有着壮阔情怀的人，才能将悲伤化为诗情和力量。

朴素留别

李白一生写过不少有关离别的诗歌，流传最广的是《赠汪伦》。这首诗就像家常白话一样简单、朴素：“李白乘舟将欲行，忽闻岸上踏歌声。桃花潭水深千尺，不及汪伦送我情。”

清代文人袁枚的《随园诗话补遗》中，有一则关于李白与汪伦的故事。汪伦是个安徽黄山人，豪爽好客，喜爱文学。他任泾县县令时，听

说李白将游历安徽，于是写信邀请李白，他说：“您不是喜欢旅行吗?这里有十里桃花。您不是喜欢饮酒吗?这里有万家酒店。”禁不住诱惑的李白果然闻讯而来，自然得到了汪伦的热情接待。但到来以后，李白才知道，“十里桃花”其实是泾县著名的桃花潭，“万家酒店”其实是一家万姓人开的酒楼。尽管邀请信中有“诈”，但却没有影响李白与汪伦结下深厚友情。

好友相聚，终有一别。分手时节，李白正要上船，忽然听到岸上传来有节奏的歌声，原来是好友赶来送行。这是惊喜，也是朋友的真心，所以，李白才会说，桃花潭水那么深，却赶不上汪伦对我的情义。

李白是善用典故的高手，也是文思泉涌的大家，从很多作品都可以看到他的高雅和不“通俗”。然而，《赠汪伦》浅显易懂，感情质朴，感叹自然，胜在浑然天成。

生离死别

盛唐时期，李白一度成为唐玄宗李隆基的御用文人，就像那些被皇帝点名的桂冠诗人一样锦衣玉食、声名响亮，但李白自己却并不喜欢这种生活。终于，皇帝给了他一笔钱，准许他出宫去过自由自在的散漫日子。就是在这样的背景下，李白与杜甫相识了，此时的杜甫还是初出茅庐的年轻诗人。

从杜甫的诗中，可以读到他与李白之间的至深友情。李白比杜甫年长 11 岁，他们携手畅游洛阳，此后又一起游历山东，像兄弟一样相处——“醉眠秋共被，携手日同行”（杜甫《与李十二白同寻范十隐居》）。然而，李白要继续南行，杜甫要西去，两人终于不得不告别。此后，他们天各一方，再也没能相见。

此后多年间，虽历经颠沛流离，但杜甫始终关注着李白的消息。得知李白被流放夜郎，杜甫深情地写下了《梦李白二首》。他担心李白的健康和安危，开篇即写道：“死别已吞声，生别常恻恻。”他因“江南瘴疠地，逐客无消息”而感到忧心忡忡。相隔多年，杜甫依然对李白一往情深，对他的才华充满嘉许，在他的心目中，李白真正是“笔落惊风雨，诗成泣鬼神”（杜甫《寄李十二白二十韵》）。

李白与杜甫一生中的惺惺相惜，在今天读起来，仍然令人感慨万千。

梦李白二首·其一

[唐]杜甫

死别已吞声，生别常恻恻。
江南瘴疠地，逐客无消息。
故人入我梦，明我长相忆。
君今在罗网，何以有羽翼？
恐非平生魂，路远不可测。
魂来枫林青，魂返关塞黑。
落月满屋梁，犹疑照颜色。
水深波浪阔，无使蛟龙得。

望庐山瀑布

［唐］李白

日照香炉生紫烟，
遥看瀑布挂前川。
飞流直下三千尺，
疑是银河落九天。

桃源胜景

在中国古代文人中，很多人喜欢求道、修仙，渴望拥有异能，长留世间，因此，很多名山都有关于仙人、仙境的传说，庐山就是被誉为“仙山”的名山之一。

庐山位于江西省九江市境内，以雄、奇、险、秀闻名于世，是中国十大名山之一，也是著名的避暑胜地。在庐山，有关神仙的故事很多，而与这些神仙故事相映成趣的则是有关“仙境”的传说。所谓“仙境”，传说就是东晋文学家陶渊明的名作《桃花源记》中的“桃花源”所在地，现在这里已经是庐山最重要的景区之一。桃花源是庐山里的一条峡谷，

而到了陶渊明笔下，这里成了人世间少见的幸福乌托邦。在这篇短文中，陶渊明设计了一名捕鱼人，因为迷路而误入桃花源，却意外地到达了人间天堂。这里土地肥沃，四季如春，人人安居乐业，鸡犬之声相闻，人们老有所养，幼有所学，家庭和睦，过着怡然自乐的生活，俨然一派和谐社会的景象。捕鱼人在这里受到礼遇，临行前，桃花源人千叮咛，万嘱咐，不能将这一所在透露给外人。不久，捕鱼人带着朋友沿原路而来，奇怪的是，他再也没能找到这个“仙境”。

陶渊明是中国山水田园诗的鼻祖，李白是他的忠实拥趸，写过不少对他表示仰慕的诗篇。李白到庐山游历，也不忘去拜访陶渊明故里，而《桃花源记》中的理想社会，也是李白心中向往的美好境界。

意绪遄飞

中国人喜欢说“仁者乐山”，因为山象征着胸襟博大，代表着大气磅礴，人在山中，方能感受到自身的渺小，也更容易保持平常心。

李白说自己“一生好入名山游”，在他的创作生涯中，记录自己遍访名山足迹的诗篇非常之多。《望庐山瀑布》则再现了他深入庐山，第一次见到三叠泉瀑布时的惊艳之感。

好的诗歌，一定会营造精彩的画面，在这方面，李白是当之无愧的高手。《望庐山瀑布》这首诗很像是一段短小精悍的纪录片，读者在阅读过程中仿佛跟随着摄像机镜头的俯仰变换，见诗人之所见。巨大的香炉峰顶天立地，团团白云好似正从香炉中缥缈而出，在阳光照射下幻化成紫色的烟霞。这是一幅远景，也可以理解成诗人为接下来要描写的对象构置了背景。随后，诗人看到，一条壮观的瀑布就像白练一般自山顶挂下来。这里的“挂”字用得巧妙，既表达了诗人对大自然鬼斧神工的赞叹，又使三叠泉瀑布的飞泻之势呼之欲出。水流激越，山壁峭立，仿佛天上之水自高空直落，势不可当。这时，诗人发出了惊叹：莫不是银河从天空中坠落凡间？

李白有着极致的浪漫情怀，他擅长使用夸张的写法，联想常常瑰丽奇特，面对空中飞瀑，他瞬间想到天上的银河倾泻而来，堪称神来之笔，也让人们看到了实景瀑布之外，存在于诗人心中的另一个玄幻世界。

仙香一炉

《望庐山瀑布》中首句提到“日照香炉生紫烟”，这里的香炉并非指日常生活中常见的那些普通的香器，而是特指诞生于汉朝、流行于魏晋时期的博山炉。

中国古人相信，在遥远的海上，有蓬莱、方壶、瀛洲三座仙山，山上有珍奇异兽、巨石密林，同时也生活着长生不老的神仙们。平日里，仙山隐藏在雾霭之中，只能看到隐隐的山形和缭绕的云雾。西汉时期有巧手匠人以青铜按照人们对仙山的想象，打造出博山炉。博山炉整体很像一个高脚酒杯，但杯体的上部是一个山形的盖子，山势重叠，雕刻着

飞禽走兽，又高又尖的盖子上镂空做出许多奇形怪状的隐蔽小孔。当盖子盖上后，被点燃的熏香散发出袅袅青烟，从小孔中缓慢溢出，整座博山炉就仿佛是一座小型的仙山一般。

博山炉问世之后一直在被不断改进，使用的材质也从青铜发展到陶瓷及至后来的合金。历史上最有名的博山炉是出土于河北省保定市满城汉墓遗址中属于汉朝中山靖王刘胜的错金铜博山炉，其工艺之精湛令人叹为观止。

在李白留给后世的诗歌中，“日照香炉生紫烟”是巧妙地借用了博山炉的形象来描写庐山香炉峰的仙气渺渺。此外，他还创作过一首名为《杨叛儿》的诗歌，其中写道“博山炉中沉香火，双烟一气凌紫霞”，从这样的描写中，可以看到博山炉在使用时有多么美好、神奇。

渡荆门送别

［唐］李白

渡远荆门外，来从楚国游。
山随平野尽，江入大荒流。
月下飞天镜，云生结海楼。
仍怜故乡水，万里送行舟。

早发白帝城

［唐］李白

朝辞白帝彩云间，
千里江陵一日还。
两岸猿声啼不住，
轻舟已过万重山。

明珠暗投

作为诗人，李白是整个盛唐时期中国诗坛上最亮眼的明星，他的名声、他的成就，以及他开辟的一代豪放、绚丽的诗风，成为唐诗鼎盛的符号和见证。当代诗人余光中曾写下名为《寻李白》的现代诗，对他极尽仰慕，余光中形容李白："酒入豪肠，七分酿成了月光，余下的三分啸成剑气，绣口一吐，就半个盛唐。"

然而，作为盛唐时期渴望出仕治国的文人之一，李白并不成功，他半生失意，晚年更是潦倒到了"依人为生"的境地。李白是胡商的儿子，虽然家境殷实，但按照唐朝律令，他没有资格参加科举考试，这也意味着即便有惊世才华，他也只能在民间寻找出路。李白曾被唐玄宗选为“御用诗人”，入宫任职翰林供奉，但他不堪忍受终日为杨贵妃写赞美诗的生活，两年后便辞官，重返民间。

仕途终成泡影，但李白胸中仍有报国志向。在他57岁那年，适逢“安史之乱”，唐玄宗的第三个儿子李亨临危即位，史称唐肃宗，拜唐玄宗为太上皇。唐玄宗的第十六个儿子永王李璘发动叛乱，三次派人请李白辅佐，渴望建功立业的李白应聘成为永王幕府中的一员。一年后，唐肃宗消灭了永王的军队，李白被投入监狱，之后，又被流放夜郎。投靠永王李璘，是李白一生最大的败笔，自此，他的命运急转直下，最终不得不寄人篱下，在清贫困顿中度过余生。

峰回路转

《早发白帝城》写在李白被流放夜郎的路途中。走到三峡时，突然听闻朝廷大赦的消息，他不必到流放地惨淡维生，心情顿时大好。这是命运峰回路转的时刻，柳暗花明，让他感觉周边的景色格外美妙动人，轻舟快水，不亦乐乎！

从白帝城到江陵，也就是今天的湖北省荆州市，路程近千里，正是顺流而下。三峡水路虽然险象环生，但顺水行舟总好过逆流而上。小船顺江而行，诗人回望仿佛在彩云之间的白帝城，已经渐行渐远，仿佛融入云霞成为海市蜃楼，而原本逆行而来时漫长艰难的水路此时欢快顺畅，

到达江陵也不过一日的时间。回家的路总要比离家的路显得短些，这是每个人都能体会的心灵经验，而正逢喜事的诗人则感触更深。长江两岸群山壁立，猿猴在山间奔走、啸聚，声音不绝于耳之际，轻快的舟船已将群山甩在身后不知多远。民间历来有“人逢喜事精神爽”“春风得意马蹄疾”的说法，获得赦免又可以自由生活的诗人，此时此刻就是这样兴奋愉悦。

诗歌是心情、心声的表达，如果将《早发白帝城》和李白的另一首诗《上三峡》对照，则可以清晰地看到诗人截然不同的心境。《上三峡》写在诗人沿三峡奔赴流放地夜郎之时。三峡多险滩，逆水多阻隔，诗人遭贬谪，其沉郁可以想见。诗中写道：“三朝上黄牛，三暮行太迟。三朝又三暮，不觉鬓成丝。”仅黄牛峡一处，急流盘旋，舟行困难，三天三夜，朝朝暮暮，最终还是盘桓在黄牛峡这一处，难怪诗人会感觉双鬓青丝化为华发，这也是对自己被命运捉弄的写照，对此后凄苦生活的感叹。史载，遭遇流放的李白一度从九江逆流而上，走了将近一年才到达宜昌，又从宜昌出三峡奔赴夜郎，这一路的甘苦，怎能不让诗人感慨万千？

白帝托孤

白帝城是三峡著名景区之一，坐落在重庆市奉节县瞿塘峡口的长江北岸。西汉末年，诸侯公孙述割据四川一带，在山上造城，想借山势之险形成“一夫当关，万夫莫开”的局面。传说，造城时发现山上有一口井，常冒出浓浓的白气，人们以为井中有白龙，于是将这口井命名为“白帝井”，公孙述则自称“白帝”，他建造的城池也因此称为“白帝城”。

白帝城因《早发白帝城》而名传天下，同时，这里还是《三国演义》中“刘备托孤”的故事发生地。根据《三国志·蜀志》记载，蜀王刘备与东吴交战，战败后，在白帝城病危，临终前，他将丞相诸葛亮招到病榻前，将儿子刘禅托付给诸葛亮。刘备说：“你的才能远在魏王曹丕之上，是安国兴邦的良才，如果觉得我这个儿子值得辅佐，就帮他安定天下；如果认为他不值得辅佐，你就另寻明主吧！”也许正是因为刘备人之将死的善言和平生知遇的厚待，诸葛亮当即表示一定忠于蜀国。于是，刘备叮嘱刘禅：“你以后要听丞相的话，就像对待父王一样对他。”这一段故事在《三国演义》中被写得跌宕起伏，读来令人落泪，也让后世读者牢牢记住了白帝城这座传奇之城。

宿巫山下

[唐]李白

昨夜巫山下，猿声梦里长。
桃花飞绿水，三月下瞿塘。
雨色风吹去，南行拂楚王。
高丘怀宋玉，访古一沾裳。

妈妈的古诗私房课 2

安顿 著
廖诗意 插画

贵州出版集团
贵州教育出版社

目录

别董大

［唐］高适

千里黄云白日曛，
北风吹雁雪纷纷。
莫愁前路无知己，
天下谁人不识君。

传奇董大

这个世界上有很多类型的友情，其中一种叫作惺惺相惜。两个萍水相逢的人，因为志同道合而成为挚友，也成为照亮彼此人生的火焰。高适和董大正是这样一对好朋友。高适是盛唐时期著名的诗人，董大则是有着同样声望的音乐家。“董大”其实是朋友们对他的称呼，他名叫董庭兰，因为在家排行老大，“董大”这个名字就叫开了。

想要了解董大的音乐造诣，要先从认识古琴开始。古琴是中国历史上最悠久的乐器之一，本身富有象征意义，琴长约三尺六寸五分（120多厘米）象征一年有365天，琴底平、琴身弧则象征天圆地方。最初的古琴只有五根弦，相传周文王为纪念去世的儿子，增加了一根弦。到了周武王起兵讨伐商纣王时，为了鼓舞士气，又增加了一根弦，这样，古琴才演变为七弦琴。董大是唐朝最负盛名的古琴圣手，他通音律，擅弹奏，最传奇的是，他将听到的胡笳琴曲转化为古琴乐谱，流传至今的《大胡笳》《小胡笳》两首古曲，就是经由他记录、演奏并传承下来的。唐朝有位诗人名叫李颀，曾专门为董大写过《听董大弹胡笳声兼寄语弄房给事》，诗中赞美董大“董夫子，通神明，深松①窃听来妖精”，形容他的琴声“川为静其波，鸟亦罢其鸣”，简直出神入化。

60岁前，董大在民间过着自由自在的生活，偶尔与好友游历，以诗酒、音乐和朋友们唱和往来。原本以为可以这样悠闲过一生，然而，就像很多被时代裹挟最终要投身仕途的文人、艺术家一样，他被当时的吏部尚书赏识，应邀成为门客。不久，此人被贬，董大也被驱逐。这一年冬天，董大和高适在今天河南商丘一带相遇，彼时高适正过着清苦的生活，董大对未来也意兴阑珊，两人彼此温暖着度过一段时日，转眼又要各奔前程。《别董大》就是这次短暂相聚后分别时的纪念之作。

慷慨挥别

在后人对高适作品和人生经历的研究中，大多会提到他是一名性格

① 深松：一作“深山”。

豪爽、内心粗放、具有游侠性格的诗人。这一点，在《别董大》中也能看出。

通常写送别诗，容易陷入感伤、忧愁，但高适却一反压抑悲情的常态，将《别董大》写得豪迈、雄壮。送别时分，天地为之动情，正值黄昏，落霞漫天，白日西沉，远方一片苍茫，狂风大作，暴雪纷飞，长空孤雁……这一切都为即将踏上远途的朋友增添了前途未卜的忧虑，也为送别的人增加了对友人孤身上路的担心。然而，诗人在此笔锋一转，安慰起自己的朋友——不用担心在日后的路途中不能遇到知己，普天之下又有谁不知道你董庭兰的艺术与才名？高适欣赏董大，他们有着深厚的友情，此时他们的处境也颇为相似，都处于人生低谷，唯有这样患难中的知音，才会凭着内心对彼此的信任和对明天共同的美好期许而相互激励。高适以此诗鼓励董大的同时，又何尝不是在激励自己：如此才华横溢的朋友，等待他的必然是更为灿烂的前程。

事实上，《别董大》并非只有一首，在离别之际，高适还有另一首送别诗，只是不如这一首流传广。在《别董大》之二中，高适坦然承认：“丈夫贫贱应未足，今日相逢无酒钱。”他毫不掩饰自己的窘迫，又毫不为这份窘迫所困扰，可见他是何等心胸开阔的人。

文武兼备

也许正是因为有着豪迈的性格，高适得以成为极少数文武兼备的诗人，他以边塞诗闻名，与岑参、王昌龄、王之涣并称“边塞四诗人”。高适的作品极具气势，慷慨激昂，充满着积极向上的力量，这与他的个人经历极为契合。

壮年时代的高适几经戎马，曾辅佐凉州河西节度使哥舒翰镇守潼关。“安史之乱”之际，众多大臣倒戈，而高适始终忠于唐朝。他以大臣身份随唐玄宗入成都，唐肃宗李亨即位后，他被任命为淮南节度使，主持讨伐叛乱的永王李璘。他亲自拟写了讨伐永王的檄文《未过淮先与将校书》，并一举剿灭叛军，立下赫赫战功。此后，他又受命与郭子仪、李光弼一起讨伐企图颠覆唐朝的安禄山叛军，同样军功卓著。

性格决定命运。高适一生不做违背内心的事，对皇帝也常常会直言建议，但他的诚恳和直率难免为他带来非议和构陷。对朝廷中妒贤嫉能、欺下媚上风气的不满，使高适越来越厌倦官宦生涯而向往归隐田园的生活。然而，直到人生的最后，高适都没能离开仕途。高适去世后，被朝廷追赠礼部尚书官职，这在唐朝诗人中算得上功成名就，尽管并非他的初衷。

营州歌

［唐］高适

营州少年厌原野，
狐裘蒙茸猎城下。
虏酒千钟不醉人，
胡儿十岁能骑马。

2

绝句四首·其三

[唐] 杜甫

两个黄鹂鸣翠柳，
一行白鹭上青天。
窗含西岭千秋雪，
门泊东吴万里船。

家学渊源

正如人们今天常常会关注一名成功者的家世背景一样，在唐朝，人们同样看重诗人的出身。“诗仙”李白出身于商贾人家，一生没有得到参加科考的机会，而与他齐名的“诗圣”杜甫则要幸运得多，尽管其仕途不顺，但显赫的家庭背景却常被人提起，这是因为杜甫有一位身为中国五言律诗奠基人且在朝中做官的爷爷——杜审言。

杜审言去世后四年，杜甫出生，祖孙俩未能见面，但并没有影响杜甫对爷爷的崇拜。如果考据杜审言的人生经历和诗歌创作就会发现，他的确配得上杜甫对他“诗是吾家事”“吾祖诗冠古”的盛赞。

在杜审言之前，很多诗人写诗沿袭古体，五言律诗很少见，大家沿袭着自由的创作方式，在诗歌格律上不太讲究，直到杜审言写出《和晋陵陆丞早春游望》，人们才意识到五言律诗的精妙，纷纷效仿。诗中有这样的句子："独有宦游人，偏惊物候新。云霞出海曙，梅柳渡江春。"读起来朗朗上口，同时又有着严谨的对仗和声韵，体现着诗歌的雅致和诗人的精心。难怪后人将这首诗评为"有唐以来，五言律诗第一声"。

杜审言本人的经历也很传奇。他有才华，但口无遮拦，因此在仕途上不顺利，做官、被贬、起用、再度被贬……如此循环成为他人生的常态。一度，他因言获罪，被人构陷，直至被投入监狱等待处决。他的次子，也就是杜甫的叔叔杜并，为此愤怒地砍杀了陷害父亲的地方官，13岁的杜并也在刺杀现场被乱刀杀死。这件事引起朝野震动，杜审言免于一死，重新得到朝廷任用。

跌宕起伏的一生，才华横溢的诗篇，杜审言的一切都让杜甫钦佩向往。杜甫去世之前，特意嘱咐儿孙要将自己葬在爷爷的墓旁。因此，在今天的河南偃师，杜甫墓紧挨着杜审言墓，仿佛祖孙俩依然在谈诗论道。

治句严谨

在诗歌写作方面，杜甫与李白有很多不同。李白更喜欢"古风"，对仗、用韵都不拘泥，更偏重兴之所至、情之所及。杜甫则不然，他非常重视诗歌格律，对待创作精益求精，对于自己的作品精雕细琢，务求篇篇有金句，“语不惊人死不休”。

所谓格律，指的是中国古代诗歌创作在字数、句数、格式、音律等方面需要遵守的准则。在唐朝，诗人在创作时对格律的要求日益严谨，律诗和绝句将中国古诗带入“近体诗”创作时期，自此，凡不符合“近体诗”格律要求的诗歌，统一被称为“古体诗”。律诗的固定句数为八句，每一句七个字的律诗称为“七律”，每一句五个字的律诗称为“五律”，这两种律诗最为常见。绝句与律诗不同，每首只有四句，按照每句的字数，又分为“七绝”和“五绝”。无论是律诗还是绝句，在修辞方面都有严格的规范。由于律诗共计八句，每两句为一联，因此，每一联都有固定的名称，依次为：首联、颔联、颈联、尾联。

诗词格律是一系列比较深奥的创作准则，因此也非常考验诗人的文化积累和变通能力。

素人雅致

杜甫从小接受过严格的文学训练，加之才华卓越，创作勤勉，他创作的七言绝句和五言绝句有很多流传至今。

也许是诗人一时想不好应该如何给自己的作品命名，于是，杜甫直接将“两个黄鹂鸣翠柳”这首诗命名为《绝句》。事实上，这是《绝句四首》组诗中的一首，也是最出名的一首。写这首诗的时候，杜甫生活在成都，他居住的草堂是一处环境优美的所在，安定的生活也让他的心

情格外畅快。诗歌是心情的写照，从这短短四句诗中，可以看到一向忧国忧民、愁眉紧蹙的诗人享受生活时的安逸和情趣。

这首《绝句》很好读，富于画面感，每一句都是一幅画，却又动静相宜。可以想象，诗人此时正是在自家窗前，黄鹂鸟在柳树上鸣唱，白鹭排成队冲向天空。这是诗人看到的动态美。随后，诗人展示了静态美，以小窗为框，能遥望岷山千年不化的积雪；以门为框，可以看清来自东吴的货船静静停泊。这首诗中的四句，“两个”对“一行”，“黄鹂”对“白鹭”，“西岭”对“东吴”，“千秋雪”对“万里船”，等等。仔细研究，无一字不精心，无一处不对仗，堪称精彩。

与这首《绝句》齐名的还有一首同名的五言绝句：“迟日江山丽，春风花草香。泥融飞燕子，沙暖睡鸳鸯。”这首诗同样创作于作者安居成都草堂时期，内容明白晓畅，但细细追究起来，仍然是工于修辞的经典之作，体现着杜甫的才华和匠心。

绝句四首·其四

[唐]杜甫

药条药甲润青青，
色过棕亭入草亭。
苗满空山惭取誉，
根居隙地怯成形。

3

江畔独步寻花

［唐］杜甫

黄四娘家花满蹊，
千朵万朵压枝低。
留连戏蝶时时舞，
自在娇莺恰恰啼。

“诗圣”当之无愧

杜甫是中国历史上最伟大的现实主义诗人，与李白并称“李杜”。在他和李白之后，同为唐朝诗人的李商隐和杜牧，也被称为“李杜”。为了有所区别，后人根据他们生活时代的早晚和对诗歌发展贡献的多寡，分别以“大李杜”和“小李杜”来区分。

杜甫出身于名门望族，杜氏家族源远流长，先祖可以追溯到汉武帝时期。和很多出身大户人家、过着优渥生活的孩子一样，杜甫的童年和少年时代无忧无虑，虽说淘气，但颇有才华，七岁即能赋诗，“七龄思即壮，开口咏凤凰”说的就是他。他的祖父杜审言是官宦又是诗人。家庭富裕的同时又有家学渊源，经世治国、文章济世从小便成为杜甫的理想。

个人命运往往都会被时代所左右，这一点古今无不同。杜甫生活在唐朝由盛及衰的节点，他参加过科举考试，结局不尽如人意，客居长安时也曾拜在有权有势的人门下请求推荐，却都无功而返。此后，为了维持生计，好不容易得到一个很小的官职，但当他任职期间回家探亲时，发现最小的儿子刚刚饿死……这些经历，让杜甫对社会现实非常失望，也让他更加关注和体贴普通百姓生活的艰辛。

“安史之乱”的爆发，使杜甫踏上了颠沛流离的避难之路。他带着家人走过很多地方，一路上体验着饥寒交迫、贫病交加，一路上看到了满目疮痍、民不聊生，他只是一介文人，没有能力改变现实，能做的就是为百姓的悲惨生活而记录、呼号。这种忧国忧民的心态，成就了他最著名的作品“三吏”（《新安吏》《石壕吏》《潼关吏》）和“三别”（《新婚别》《垂老别》《无家别》）。这些对人民饱含同情、对社会深刻批判的作品，为他赢得了“诗圣”的美名，同时，让后人通过他的作品了解了当时的社会状况，他的诗歌也因此被称为“诗史”。

草堂自有千秋

躲避战乱、长途流寓的日子贯穿了杜甫的大半生，如果说他有过安心享受生活的阶段，那么除了童年和少年时代，就是居住在四川成都草堂时期。

辗转多地后，杜甫一家在成都地方官严武等人的帮助下，定居成都。在美丽的浣花溪畔，他建造了“茅屋”，也就是今天成都杜甫草堂博物馆的前身，他将这一处住宅命名为“草堂”。同时，任职检校工部员外郎，担任严武的参谋，以此为生，这也是后世称他为“杜工部”的原因。

透过文献记载和杜甫流传的作品，可以想象当年的“草堂”并没有深宅大院、亭台楼阁的气派，但对于一度接近流离失所的杜甫来说，却是温暖美好的家园。尽管他也曾写下在这里的清苦生活，但内心的安定却是一生少有，因此，他在安居草堂时期，留下了很多充满生活情趣、讴歌自然美景、向往平静生活的作品。

杜甫去世后，成都草堂几度毁于战火，并多次重建、修葺，直到20世纪50年代初，草堂被大规模改建、扩建，最终形成今天的博物馆，收藏着大量珍贵的文物，成为人们纪念杜甫这位伟大诗人的胜地。

心花犹胜春花

《江畔独步寻花》写在杜甫安居成都草堂时期，一共由七首绝句共同构成组诗，洋溢着美好的生活气息，也记录了当时成都繁花似锦的诱人春色。杜甫非常讲究格律，对自己的作品总是精雕细琢。在《江畔独步寻花》这组诗中，杜甫一反以往“满面严肃”的风格，将朴素的口语运用自如，向读者展示了自己内心活泼的一面。后世很多画家，包括齐白石、徐悲鸿这样的大师，都曾根据杜甫的诗歌来作画，试图以水墨呈现诗中的画面，再现诗歌的意境，这也从侧面说明，杜甫是“以诗作画”的高手。在这首诗中，杜甫描绘了这样的画面：黄四娘家的花开得满坑满谷，数不胜数的花朵将枝丫压得垂下了头。蝴蝶们舍不得这花儿，于是穿梭在花枝与花朵间游戏，娇滴滴的黄莺则依在枝头不时地唱着愉快的歌儿……前两句，是畅快的口语，仿佛是诗人被眼前景色触动来不及多想、脱口而出的话，后两句却又呈现出诗人的文人本色，严谨对仗，读者因此也仿佛看到，心情激动的诗人此时心花怒放，停下来细看、细听，而后在心中酝酿了一下，才找到对“戏蝶”和“娇莺”的最准确的描述。如果说诗的前两句是“大俗近雅”，那么后两句堪称“大雅若俗”，这无疑是杜甫诗歌的匠心独运之处。

石壕吏

[唐]杜甫

暮投石壕村，有吏夜捉人。
老翁逾墙走，老妇出门看。
吏呼一何怒！妇啼一何苦！
听妇前致词：三男邺城戍。
一男附书至，二男新战死。
存者且偷生，死者长已矣！
室中更无人，惟有乳下孙。
有孙母未去，出入无完裙。
老妪力虽衰，请从吏夜归。
急应河阳役，犹得备晨炊。
夜久语声绝，如闻泣幽咽。
天明登前途，独与老翁别。

4

闻官军收河南河北

［唐］杜甫

剑外忽传收蓟北，初闻涕泪满衣裳。
却看妻子愁何在，漫卷诗书喜欲狂。
白日放歌须纵酒，青春作伴好还乡。
即从巴峡穿巫峡，便下襄阳向洛阳。

安史之乱

杜甫存世的诗歌中最大的社会背景和政治背景是“安史之乱”。“安史之乱”是唐玄宗、唐肃宗在位时边镇守将安禄山和史思明发起的意图推翻唐朝统治的叛乱。

唐玄宗时期，唐朝经济发展良好，社会安定繁荣，文化艺术发达。唐玄宗以为“天下无事”，纵情享乐，宠爱杨贵妃，任由奸臣宰相李林甫专权。李林甫死后，杨贵妃的堂兄杨国忠继任宰相，使政治日益败坏。加上当时土地兼并剧烈，贫富悬殊，曾经的盛世呈现出衰败气象。唐朝立国以来，一直对西域的开发和管理十分重视，边境各节度使权力很大。

到了唐玄宗时期，胡人节度使安禄山手握重兵，同时深得皇帝信任。公元 755 年，安禄山率兵南下，攻占洛阳自立为“大燕皇帝”，随后进攻长安。唐玄宗被迫出逃，在马嵬驿迫于军队将士的压力，将杨国忠斩首，并缢死杨贵妃，后逃往四川。太子李亨则逃往灵武，即皇帝位，史称唐肃宗。在他的主持下，唐朝军队展开反击。

随后，安禄山军队内部发生分裂，安禄山被儿子安庆绪所杀。唐军趁机收复长安和洛阳。此后，安禄山旧部史思明杀死安庆绪，重新攻陷洛阳，也自立为大燕皇帝，不久，史思明也被自己的儿子杀害。唐朝再度收复洛阳。至此，持续近八年的“安史之乱”宣告结束。

家国执念

“安史之乱”给唐朝带来了重创，经济凋敝，民不聊生，盛世景象一去不返，大唐帝国从此走上了衰败之路。在长达近八年的战乱中，杜甫和所有的百姓一样，生活在穷困、饥饿和恐惧之中，也不断奔波在逃难的路上。

作为有着深切爱国热情和报国志向的现实主义诗人，杜甫的命运和国家的命运紧紧连在一起，尽管饥馑困顿，他却始终关注着国家兴亡和人民疾苦。写作《闻官军收河南河北》这首诗时，杜甫一家正流落在四川，听闻唐军打了大胜仗，结束了“安史之乱”，他的心情激动到难以描述。

我们可以想象一下在日常生活中，听到了一个令人兴奋的喜讯，会

高兴成什么样子呢？杜甫用他明白晓畅的文字告诉人们：剑门关外传来大唐军队收复失地的消息，饱经丧乱、流离失所多年的人怎能不喜极而泣？妻儿的满面愁容顿时开解，诗人自己把书本胡乱堆在一旁，快乐得不知怎样才好。欢歌、饮酒已经不足以表达心中的狂喜，这下终于可以回家了。那么，打理行装立即出发吧，穿过巴峡直向巫峡，行经襄阳马上就能抵达洛阳老家！

杜甫是写律诗的大家，律诗通常给人的感觉是工整、严谨，讲究对仗和用典。但在他的这首七言律诗中，读者看到的不是这种文字上的精致，而是诗人狂喜奔放的心情。也正因如此，这首诗通俗易懂，读来有酣畅淋漓之感，全无律诗常见的呆板和刻意。杜甫这个在文字上一向满面严肃的诗人，也因为这一份难以掩饰的喜悦而使语句显得格外亲切。

半生流离

每一个身处大时代背景下的人都不可避免地被时代所影响，无论命运轨迹还是生活道路，对于一位诗人来说，创作生涯、创作思想以及作品的走向也必定与时代潮流密切相关。杜甫正是如此。杜甫一生深受“安史之乱”的影响，他的忧国忧民、他的报国热情以及深植于他作品中深刻的人民性，都与盛唐向着衰败转变这个重要的历史节点相关联。

杜甫的大半生都处于动荡之中。当唐肃宗在灵武即位后，他将妻儿安置在今天陕西延安附近的富县羌村，随即出发去灵武投奔新皇帝寻求报国出路。他一路风餐露宿，在沿途山洞中枕鞋而眠，不料很快就被叛军俘获押解回长安。杜甫在长安被看管了九个月之后才得到逃跑的机会，终于得以投奔唐肃宗，并获得担任左拾遗的机会。至今，在延安还有杜公祠，位置恰好在他曾经休息的地方，当地人称之为“少陵川”[①]。

“安史之乱”结束后，思乡心切的杜甫离开避祸久居的西南地区，一路北上，渴望早日回归故土。但是，这一路并不顺利，因为经济窘迫，他的生活又一次陷入困苦，甚至一度连续多日食不果腹，直到遇人搭救才得到一点食物勉强维持生命。在漂泊中，杜甫的身体每况愈下。然而，这一切都不能阻止颠沛流离大半生的诗人北归的念头，只要有可能，他便会向着家的方向前行。不幸的是，在从湖南潭州（今湖南长沙）去往岳阳的路上，杜甫在一条小船上去世，时年59岁。此时，他的家仍然在遥远的北方。

① 杜甫在诗中常自称“少陵野老”，因此后人亦称杜甫为杜少陵。

月夜

[唐]杜甫

今夜鄜州月，闺中只独看。
遥怜小儿女，未解忆长安。
香雾云鬟湿，清辉玉臂寒。
何时倚虚幌，双照泪痕干。

5

春夜喜雨

［唐］杜甫

好雨知时节，当春乃发生。
随风潜入夜，润物细无声。
野径云俱黑，江船火独明。
晓看红湿处，花重锦官城。

农民诗人

杜甫被誉为“诗圣”，一个“圣”字包含着复杂的深意。他虽然出身于官宦人家，也曾渴望出仕报国，但由于仕途不顺，又不善于官场逢迎，一生从未得到可以获得高官厚禄的机会。而在国家动乱、社会动荡的政治背景下，他的大半生都处于颠沛流离的状态，很多时候，甚至维持生计都很艰难。他的“圣”，在于他深切关注平民百姓疾苦的圣贤之心和悲悯之心。杜甫的诗被称为“诗史”，这个“史”字同样饱含深意，意味着在今天读他的诗歌可以了解他所处的时代百姓的真实生活状况，是写在诗歌中的人民史诗。

在杜甫的诗歌中，有很多内容涉及他所处时代普通农民的生活状态。人们珍爱土地，渴望通过勤劳耕作而实现丰衣足食；人们又因战乱而不得不离开自己的土地，面对饥寒交迫的生活而千方百计寻找一片薄田……杜甫本人正是这些流离失所的农民中的一员。在他的一生中，只要有可能，就会像真正的农人一样面朝黄土背朝天，在无人耕种的田土中勤勉耕种，并赖以为生。

因此，在杜甫的诗中，常常能看到他亲身参与农事的记录和他对于农耕状况的描写，特别是他因“安史之乱”而困居长安和避祸到成都、夔州（今重庆奉节）的几个时期。透过他的诗歌，可以看到当时农民的耕作方式、捕鱼方式以及品种繁多的农作物被饥馑的农民用来充饥的场景。杜甫是北方人，北方农民通常以牛耕田，当他到湖南一带定居后，开始按照南方人的方式进行“刀耕火种”。通过不断地参加生产劳动，他总结出了“秋雨之后要趁着湿润深耕土地才能保证多种粮食的收成”[①]这样的经验。在成都，杜甫参加灌溉水田，亲手改造了他所居住的浣花溪一带的农田水渠，实现了引江水浇田地，并发明了储存雨水以保证土地灌溉的方法，让乡邻受益。这些，在他的诗歌中都有体现。

① 杜甫《暇日小园散病，将种秋菜，督勤耕牛，兼书触目》中写道：“秋耕属地湿，山雨近甚匀。冬菁饭之半，牛力晚来新。深耕种数亩，未甚后四邻。”

好雨赞歌

了解了杜甫对土地的热爱和他对耕读生活的向往，再读《春夜喜雨》，就能理解这个“喜”字的深刻含义和诗人究竟喜从何来。

《春夜喜雨》写于杜甫在成都草堂居住时期，这时的他远离了受战乱影响最深的政治中心长安，在遥远的蜀地，暂时过上了相对安宁的生活。虽然生活安定，但却颇为清寒，诗人同样需要和当地农民一样耕田种地。耕田务农之外，他在草堂边亲手种下松树和桃树。种松树是因为他仰慕松树高洁的品格，种桃树的理由则非常现实：春天来了，桃花盛开，有美景可赏；仲夏时节，果实饱满可以给家人充饥。边读书边务农的生活让杜甫成为农民的好朋友，也让他深深理解了农家靠天吃饭的艰辛与不易。

就让《春夜喜雨》作为一名农人突然迎来一场春雨时欣喜之情的表达吧！诗人开篇就将这场“及时雨”定义为“好雨”，天公作美，在春耕时节为劳作的农人送来滋润万物的雨，这是大自然的馈赠，是天地的恩情。春雨随着夜风静悄悄地来，不求回报，无须感激。也许，这时诗人正与农民朋友们一样彻夜无眠地盼望雨水从天而降，于是，诗人看见，暮云四合，好雨如盖，唯有远方江上小船中的渔火隐隐闪烁。这时的诗人是多么开心，明早再看被雨水滋润过的成都城，必然是繁花似锦的美好景象。

《春夜喜雨》是杜甫的代表作，也是一首浑然天成的对大自然的赞歌。

雨打情殇

中国人常说“境由心造”。人在不同的心境里，面对同样的自然景观所引发的联想必然不同。同样是在草堂生活期间，也同样是写雨，杜甫在《茅屋为秋风所破歌》中表达的情感就没有了《春夜喜雨》中的那种愉悦畅快。

《茅屋为秋风所破歌》也是杜甫的代表作之一。这首诗讲述了诗人在成都草堂期间的一段生活经历。秋风怒号，诗人的茅草屋被狂风掀翻了屋顶，附近顽劣的孩子们又趁机将所剩无几的茅草抱走，剩下老诗人守着破屋急得顿足捶胸。农历八月，蜀地风雨大作，秋凉渐深，雨水像麻线一样从天而下连绵不绝，破屋无处不被水淹……这时，诗人不禁感叹，这漫漫长夜该如何度过？尽管自己身在蜀地，避开了战乱，但这场已持续了数年的“安史之乱”又害得多少人无家可归？这里的雨，是凄风苦雨，是让人身心俱寒的冷雨。

然而，杜甫终究是有着仁爱之心和牺牲精神的一代“诗圣”，在诗的结尾，他真诚地呼唤：如果能让天下百姓过上和平安定的生活，即便自己身居破屋、挨饿受冻也心甘情愿。正是由于这样无私的呐喊，杜甫更无愧于“诗圣”的称号。

茅屋为秋风所破歌

[唐]杜甫

八月秋高风怒号，卷我屋上三重茅。
茅飞渡江洒江郊，高者挂罥长林梢，
下者飘转沉塘坳。
南村群童欺我老无力，忍能对面为盗贼。
公然抱茅入竹去，唇焦口燥呼不得，归来倚杖自叹息。
俄顷风定云墨色，秋天漠漠向昏黑。
布衾多年冷似铁，娇儿恶卧踏里裂。
床头屋漏无干处，雨脚如麻未断绝。
自经丧乱少睡眠，长夜沾湿何由彻！
安得广厦千万间，大庇天下寒士俱欢颜！风雨不动安如山。
呜呼！何时眼前突兀见此屋，吾庐独破受冻死亦足！

乞巧

[唐] 林杰

七夕今宵看碧霄，
牵牛织女渡河桥。
家家乞巧望秋月，
穿尽红丝几万条。

少年才子

中国诗歌史上从不缺乏少年才子，《乞巧》的作者林杰就是其中之一。林杰，字智周，出生于公元831年，正是中国历史上的唐朝中期，也是社会经济繁荣、文化艺术发达的时代。在收录超过四万首诗的唐代诗歌总集《全唐诗》中，只收录了林杰的两首作品，一首是《乞巧》，另一首是《王仙坛》。

在有限的历史记载中可以看到，林杰小时候非常聪明，六岁就会写诗，下笔成章，让很多擅长诗歌创作的大人都望尘莫及。同时，他还精通书法和棋艺，有“神童”的美誉。然而，也许是因为他太出色，连老天

爷都嫉妒了，公元 847 年，林杰去世，年龄不足 17 岁，实在令人遗憾。

也是在唐朝，比林杰早大约 200 年，有一位和他一样的少年才子，名叫骆宾王。他出生在贫苦人家，从小才华横溢，七岁那年写下著名的《咏鹅》，这首诗几乎陪伴了每一个中国孩子的童年。骆宾王在文学上取得了极高的成就，很多作品流传到今天仍然是经典。

牛郎织女

“牛郎织女”的故事是中国古老的民间传说之一。

贫苦青年牛郎和一头有灵性的老黄牛相依为命。有一天，老黄牛告诉他，玉帝的女儿织女要和姐妹们到人间嬉戏，如果能留下织女，她就会和他一起生活。牛郎在河边找到织女的衣服藏起来，两人因此相识。织女发现牛郎是勤劳善良的好青年，于是便留下来成为牛郎的妻子。牛郎和织女一起劳作，男耕女织，生育了一对儿女，一家人过着幸福的生活。玉帝为此很生气，派王母娘娘下凡将织女带回天庭。老黄牛折断了牛角化作小船，让牛郎带着儿女乘船追赶织女，眼看就要追上，王母娘娘拔下头上的金簪，划出一道天河将他们隔断在两边，牛郎和织女隔着天河哭泣。这一场景感动了喜鹊，数不清的喜鹊用翅膀相接连成一座鹊桥，让这对相爱的人在桥上相会。玉帝也被他们的爱情感动，同意他们在每年农历七月初七团聚，这一天就是流传至今的民俗节日“七夕”。农历七月伊始，正是雨水丰沛的季节，“七夕”这一天常常会下雨，于是，浪漫的中国人将这一天的雨叫作“相思雨”甚至“相思泪”，说那是牛郎织女久别重逢时在喜极而泣。

中国人在七夕这一天有“乞巧”的习俗，这一习俗起源于汉朝，在唐朝、宋朝时最为盛行。古代中国，要求女孩子善于女红，七夕这一天，女孩向天上的织女“乞巧”，祈求这位仙女赐给自己和她一样的巧手，因此，这一天也被叫作“女儿节”。“乞巧”最主要的活动是对月穿针，女孩们对着月亮将丝线穿进细小的针眼，如果能一举成功，那便是最吉利也最开心的事——“得巧”。

林杰所写的《乞巧》描述了七夕夜女孩们对月乞巧、重温牛郎织女故事的盛况。前两句点明七夕节的时间和来历：这一天的夜晚，碧空如洗，银河如画，天上正上演着牛郎织女鹊桥相会的动人故事。在后两句中，诗人把目光转回人间：家家户户的女孩们仰着脸对着一轮明月，穿针引线，盼望能得到神仙的眷顾，让自己拥有一双巧手。继而诗人感叹：这是举国女子都在做的事，不知道这一晚有多少条红丝线正在她们的手中飞舞。这是孩子写的诗，文字清丽，简单易懂，读这首诗，也仿佛可以看到，一个聪明的小诗人，先仰望星空，再悄然四顾，而后提笔成诗。

仙坛遐想

才华出众的林杰还写过另一首诗叫作《王仙坛》：“羽客已登仙路去，丹炉草木尽凋残。不知千载归何日，空使时人扫旧坛。”

《王仙坛》这首诗也充满了少年的天真遐想。林杰的想象与中国人对“神仙”的幻想有关。中国是一个神话之国，在这个神秘世界中，时空可以穿越，凡人可以成仙。如此，林杰在这首诗中也想象着有一位仙人离开了人间，飞升到天庭，只留下曾经使用过的炼丹炉和人们供奉他的祭坛，他什么时候才会回来呢？

孩子的梦幻总是天真无邪，但愿这位早夭的聪慧少年在另一个世界里能遇见他向往的神仙。

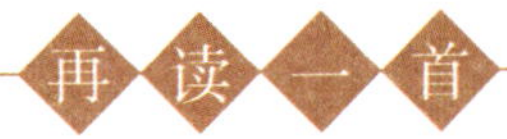

鹊桥仙·纤云弄巧

[宋]秦观

纤云弄巧，飞星传恨，银汉迢迢暗度。
金风玉露一相逢，便胜却人间无数。

柔情似水，佳期如梦，忍顾鹊桥归路。
两情若是长久时[①]，又岂在朝朝暮暮。

①长久时：又作“久长时”。

7 早春呈水部张十八员外

[唐] 韩愈

天街小雨润如酥，
草色遥看近却无。
最是一年春好处，
绝胜烟柳满皇都。

八家居首

在中国文学史上，有很多著名的文学家、诗人会被并列提及，例如“初唐四杰”“唐宋八大家”“元四家”等等。无论“四杰”“八家”还是“四家”，其排序都颇有讲究，通常造诣最高、启发后学贡献最大的人会排在最前面。因发动了唐朝的古文运动，为中国文学和唐朝诗歌赋予新生命，韩愈成为当之无愧的“唐宋八大家”之首。在他之后排列的，则是与他同在唐朝的柳宗元和宋代的欧阳修、苏轼、苏洵、苏辙、王安石、曾巩这七位散文大家。

韩愈生活在唐朝中晚期，此时唐朝已失去盛世光景，逐渐走向衰落。韩愈的成长经历很曲折，自小失去父母，过着寄人篱下的生活。作为孤儿，他很清楚要靠辛苦努力才能收获美好未来，因此，他读书非常用功。寒门学子总要比别人付出更多，韩愈就是这样，他参加了四次科举考试才终于中了进士，从此走上仕途。

在中国古代，配享孔庙对于文人来说是极高的荣誉，意味着被尊为先师。韩愈便是获得配享孔庙殊荣的一位，但这是韩愈在去世两百多年后才得到的荣耀。韩愈的仕途生涯并不顺遂，造成坎坷的原因便是他性格中的诚实率直。韩愈是文章斗士，有思想，有才华，不畏权贵，不说假话。因为目睹天灾中有人饿死却被官府隐瞒实情，他冒死上书，拯救灾民，自己则被人陷害遭到贬谪；因为反对唐宪宗痴迷宗教迎佛骨入朝而上书直谏，他不仅被贬谪，还险些被砍头……做这样的事情，在别人总要考量得失，在韩愈则义无反顾。

在唐朝，很多有才学的人不愿意提携青年，韩愈正相反，他敞开大门鼓励后学，他的传世名篇《师说》中的“师者，所以传道授业解惑者也”，正是他乐为人师的写照。

春之雏声

在对韩愈的历史评价中，首先说他是文学家、思想家、政治家，其后才提到他是诗人。事实也是如此。韩愈留下的大量作品并非诗歌，而是以论理、论道、论事的文章为主。“唐宋八大家”都是诗人，同时更是散文大家，这里的散文并不仅仅指通常意义上叙事、写景、抒情的散

文，而是特指强调逻辑性和思想性的论说文。

这一类作品是韩愈文学作品的主要部分，他的面貌也因此显得严肃深沉，仿佛不食人间烟火，不懂世间风情。幸好，他的诗歌为后人展示了他丰富的心性，《早春呈水部张十八员外》便是一个生动的例子。在这首诗中，韩愈锁定的核心概念是“早春”。这是春天刚刚开始展现出生机的时刻，只有对自然物候和环境格外敏感的人，才能在隆冬渐退时抓住那一点点春的消息。在韩愈笔下，长安被一场蒙蒙小雨悄悄滋润，雨水虽小，却有凝脂般的丝滑，在春雨的润泽下，小草初吐新芽，远远看去，能隐约发现淡淡的嫩绿，一旦走近，却又感觉那绿色莫不是幻觉吗？这似有还无的春，正是一年之中美得如梦如幻的时刻，这时的长安城远比满城烟柳的春深时分更耐看，更值得流连。

韩愈在文章中曾表达过，一切看似平淡的意象和文字都是踏破铁鞋寻觅而来，这四句诗恰好让后人看到这位文学大师细腻的内心世界、精准的观察能力和对文字的千锤百炼。

后学新音

韩愈的乐为人师让他拥有了诸多在文学史和政治史上卓有建树的弟子，提到他们，首先要说的是他的第一门生张籍。张籍正是韩愈写诗相赠的“水部张十八员外”，彼时他正任职水部员外郎。

张籍深得韩愈的欣赏，他本人勤奋好学、学养深厚，是唐朝中晚期重要的诗人之一，他的诗歌作品中流传最广的是《秋思》。表达游子思乡之情的诗歌并不少见，张籍做到了另辟蹊径，诗中写道：“洛阳城里见秋风，欲作家书意万重。复恐匆匆说不尽，行人临发又开封。”这首诗不着痕迹地让读者看到天涯羁旅的游子真实的状态：来自江南的人身居洛阳，秋风起时想起家乡物候，想写一封信给亲人，待到下笔时突然意识到，想说的话太多却不知从何说起。游子在徘徊，直到捎信人马上就要出发，又赶快将信拆开来看看还有什么话可以补写其中……在张籍的描述中，游子的迟疑、纠结、百转千回跃然纸上，所谓纸短情长、一言难尽，不正是这样吗？

张籍一生痴迷诗歌创作，且最爱杜甫，相传他曾将杜甫的诗抄写在纸上烧成灰，用蜂蜜拌着吃下去，他说，这样自己就能写出像杜诗一样的传世诗篇。传说终究是传说，在中国诗歌史上，张籍自有属于他的精彩。

晚雨

[唐]韩愈

廉纤晚雨不能晴，
池岸草间蚯蚓鸣。
投竿跨马蹋归路，
才到城门打鼓声。

渔歌子

[唐] 张志和

西塞山前白鹭飞，
桃花流水鳜鱼肥。
青箬笠，绿蓑衣，
斜风细雨不须归。

烟波钓徒

唐朝是诗歌盛世，不仅对本土文学产生了深刻影响，对邻国日本的诗歌创作也影响深远。从唐朝中期开始，不断有日本的诗词爱好者模仿诗人张志和创作的《渔歌子》，无论音韵、对仗、意象和格局，都追求惟妙惟肖。

张志和是一位少年成名、经历传奇的人。他早年得到唐玄宗的欣赏，“安史之乱”期间，陪伴唐肃宗李亨坐镇灵武，为平息叛乱屡建功勋，官职越来越高。然而，对于这种性格直率、口无遮拦的人来说，一直得到皇帝的宠信是不可能的。张志和尚未中年，便遭到贬谪成为一名小小

县官。此后，父母、妻子先后去世，他再没有做官的心情，借此归隐田园，在浙江湖州西塞山置办下几间茅屋，过上了清贫自在的渔樵生活。脍炙人口的《渔歌子》就是这一时期的作品。

汉语内涵丰富，表达细腻多面，以将简单事物、事件和心情表现得复杂深邃见长，正因如此，在清简文字中实现多元表达反而更能体现功力。《渔歌子》正是化繁为简、于朴素中见多彩的代表。在作者居住的西塞山前，一行白鹭直冲天际，此时此刻，桃花正红，鳜鱼正肥，垂钓者正陶陶然乐在其中，一顶斗笠、一件蓑衣已经足够，即便有风雨袭来也无须匆忙回家。这首诗初读会感觉场景简单、心情淡然，再读则会发现平淡中有巧思，白鹭、桃花、流水、鳜鱼、箬笠、蓑衣，哪一样不带颜色？哪一样的颜色不雅致？这些颜色放在一起，恰好可以合成一幅由远及近、色彩疏朗的清溪垂钓图。

张志和归隐后自号“烟波钓徒”，他书画俱佳，诗名满天下。《渔歌子》正是他摆脱仕途之累后恬淡情怀的写照。

忧民圣贤

苏州老字号食府“松鹤楼”有一道八方食客必点的名菜——松鼠鳜鱼，今天的人们会因为这道菜而想起张志和，更不乏有人会因为《渔歌子》而渴望尝尝在诗中已存活千余岁的传奇鳜鱼。同样是写鱼，在北宋集文学家、思想家、政治家、军事家和诗人于一身的范仲淹笔下，则是另一番情绪。

提到范仲淹，首先会想到他在《岳阳楼记》中的警句，“先天下之忧而忧，后天下之乐而乐”，这是他作为北宋名臣高风亮节的写照。

范仲淹一生致力于倡导社会经济改革和推动社会进步，无论担任什么官职，无论任职何处，他总是要求自己去做好官，为老百姓做好事。这种济世救民的思想源于他童年时代的遭遇。范仲淹出身于官宦人家，先祖做过唐朝宰相，父亲是北宋官员，虽然官职不高，也足以保障一家人衣食无忧。然而，父亲早逝使范仲淹一家陷入贫困，母亲供他读书非常不容易。范仲淹从小饱尝贫穷的滋味，读书格外用功。多年寒窗苦读，为他带来了改写命运的机会，他通过科考进士及第，走上仕途，又因才华出众、刚正不阿而深得皇帝赏识，官职越做越大。

身世曲折的范仲淹对百姓生活很关心，在他的为官生涯中对民间疾苦也深有了解，多有同情，这些都表现在他的作品中。在《江上渔者》中，诗人写道：“江上往来人，但爱鲈鱼美。君看一叶舟，出没风波里。”他从小生活在江边，熟悉一年一度春汛期间鲈鱼鲜美而备受追捧时的景象，王公贵胄在江岸上饮酒品鱼，捕鱼人驾着小舟在风波里出入。不同阶层的人的命运如此鲜明对照，令他感慨万千。

连年有余

汉字是象形文字，在很多汉字中，可以依稀看到一个字所代表的那

样事物的基本形状。“鱼”字也不例外。传说，仓颉造字的时候，“鱼”字还没有下面的一横，一位老渔夫为此质问他，难道你看到的鱼都没有尾巴吗？仓颉于是为最初的“鱼”字加上了“尾巴”，在不断简化的过程中，“鱼”字变成了今天的样子，底下的一横就是鱼的“尾巴”。

中华民族喜爱鱼，与鱼有着不解之缘，这一点，通过考古发现可以得到证实。在陕西西安半坡村，曾经出土了一只新石器时代的人面鱼纹彩陶盆，图案原始质朴也非常有趣，图中人物头戴三角形高帽子，嘴里咬着鱼，面貌生动。半坡氏族生活在陕西浐河河谷地带，依河而生，捕鱼而食，鱼在他们的生活中占据着重要的地位，是大自然的恩赐。因此，在半坡文化中，鱼的形象出现频繁，就像是原始的图腾一样，被半坡人珍爱和崇拜。

中国人讲究讨口彩，许多字会因为与一个寓意美好的字谐音而受到更多喜爱，“鱼”就是这样。在农耕文明的不断发展过程中，人们渴望丰收，渴望硕果累累，渴望家有余粮、家有余财，美好的愿望被寄托在“鱼”身上，于是，餐桌上有“鱼”，则意味着生活中有“余”。各地年画中都有又白又胖的大娃娃抱着金红色大鲤的题材，通常被命名为“年年有余”，而中国家庭在一年一度的除夕年夜饭菜单里，总会有一道菜是鱼，也表达着对“连年有余”的美好期待。

渔家傲·秋思

［宋］范仲淹

塞下秋来风景异，衡阳雁去无留意。
四面边声连角起，
千嶂里，长烟落日孤城闭。

浊酒一杯家万里，燕然未勒归无计。
羌管悠悠霜满地，
人不寐，将军白发征夫泪。

塞下曲

［唐］卢纶

月黑雁飞高，
单于夜遁逃。
欲将轻骑逐，
大雪满弓刀。

塞外军歌

《塞下曲》源于汉代的乐府曲牌，彼时虽有以边疆少数民族乐器演奏的乐曲，但少有人填写歌词，因此，汉代以此为题的诗歌在今天极为少见。到了唐朝，唐太宗开疆拓土、远征西域并不断加强对西北边疆的管辖，镇守边塞的军队不断扩充，大量文人涌向边疆，一面寻求建功报国的机会，一面写下了许多边塞诗并借助《塞下曲》的旋律演变为鼓舞士气的军歌。这些诗歌对西北边陲的环境、戍边将士的生活以及发生在边境的战争多有记录，为后人研究当时的历史留下了宝贵素材。唐朝诗人卢纶的组诗《塞下曲》便是这类创作中的传世佳作。

卢纶生活在唐玄宗统治后期，有才子名声却屡试不第，但他善于交友，凭着诗文才学结交了当朝很多重量级官员，靠这些人的推荐，有机会担任一些小官职。在卢纶的仕途生涯中，西北边疆的军旅生活是非常重要的一段，为他创作边塞诗创造了条件。卢纶的边塞诗大气磅礴，既有对现实生活的精准描述，又不乏艺术想象和旁征博引，组诗《塞下曲》六首堪称代表作。

“月黑雁飞高”是《塞下曲》中第三首的第一句。这首诗重点聚焦在边塞将士夜追逃敌的激烈场景。四野茫茫的漆黑雪夜，长空飞雁只见倏忽急逝的暗影，雁鸣声刺破苍穹，预示着正有紧急的事情发生，原来是匈奴单于首领趁着月黑风高进犯边境。被发现后，单于狼狈溃逃。此时，将士们不顾天寒地冻追击敌军，漫天大雪瞬间落满了弓与刀。

诗歌是精练的文字，诗人对所见必须有所选择和剪裁，卢纶在这首诗中，只截取了唐军追捕逃敌的一个场面，用环境加以衬托，写出了戍边将士奋勇杀敌的景象。值得注意的是，卢纶在 20 个字中巧妙运用了多重意象彼此映衬，无论是夜和雁，还是雪与兵器，都肃杀寒凉，正是这种寒肃，有效地反衬出将士们的豪情。

高手留白

卢纶的《塞下曲》一共六首，其中第二首同样广为流传。这首诗是这样的：“林暗草惊风，将军夜引弓。平明寻白羽，没在石棱中。”

读唐诗有多种理解方式，这首诗可以当作一个“将军的故事”来读。夜晚的树林昏沉幽暗，突然，草丛像被突然而至的疾风惊动了一样，飒飒作响，将军以为有野兽或敌人突袭而来，立即拉弓射箭……第二天，士兵们到林中寻找将军的白羽箭，赫然发现它深深插在一块巨石的缝隙之中。短短四句诗，将一位反应迅捷、身手不凡、当机立断的将军形象塑造得鲜明立体。卢纶在这首诗中创造性地使用了今天人们熟悉的“电影剪辑”手法，前两句将时间锁定为夜晚，叙述“将军射箭”这件事如何发生，后两句瞬间转换到第二天黎明时分的同一场景，揭开了“将军射箭”的结果。这种时间上的快节奏转换，干净利索，为读者留下了丰富的想象空间。

中国诗歌写作讲究留白，也就是所谓的“写透而不点破”。唐朝中期之后，很多诗人在创作中开始使用“夹叙夹议”的方式，“叙”的核心在于将事情讲清楚，“议”则强调在“叙”的基础上表达自己的想法，同时引导读者的联想。“叙”到什么程度？“议”到什么深度？既要让读者看明白事件本身，又不能越俎代庖替读者生发结论，这个火候的把握是衡量诗人创作能力的标准之一。从两首《塞下曲》的意向选择和剪切方式可以看出，卢纶是真正的“留白高手”。

传奇飞将

读唐诗会有很多发现，例如声律之优美、语词之独特、意象之奇绝等，其中还有很重要的一点，就是典故之丰富。唐诗的创作者大多是饱读诗书甚至学富五车的才子，他们博古通今，常常会在自己的创作中运用历史典故，对于后人来说，读诗之余还能收获有趣的故事，实在是很幸运的事。

卢纶的这首《塞下曲·其二》正是来源于“李将军射虎”这一典故。这则故事出自西汉历史学家、文学家司马迁的著作《史记》中《李将军列传》一篇。西汉时期，数次抗击匈奴、捍卫西北边陲的将军李广是一位战功卓著的传奇人物，号称“飞将军”。司马迁在为他写的传记中专门记录了一件逸事：李将军看到埋藏在深草中的大石头，误以为是一只老虎，开弓便射，去寻找老虎尸体时才发现，那只是一块大石，而箭镞深深地嵌进了石头中。从这个故事，后人看到了李广超人的臂力和高超的箭法。而这个故事到了卢纶笔下，被用来展示唐朝边塞将帅的神勇，运用得自然贴切，成为饱学之士将学问化为所用的范例。

军城早秋

[唐]严武

昨夜秋风入汉关，
朔云边月满西山。
更催飞将追骄虏，
莫遣沙场匹马还。

［唐］刘禹锡

湖光秋月两相和，
潭面无风镜未磨。
遥望洞庭山水翠，
白银盘里一青螺。

名门之后

刘禹锡生活在唐朝中晚期，其家世背景显赫，至今有迹可循，他的先祖是汉武帝的异母兄长——中山靖王刘胜。刘胜生前贪图享受、无所作为，死后却因为皇帝厚葬而为后人留下一处满是文物可供研究的墓穴，这就是位于今河北省保定市满城区的“满城汉墓”。这座汉墓由刘胜和妻子窦绾的两处墓室组成，出土了举世闻名的“金缕玉衣”“长信宫灯”“错金铜博山炉”“铜朱雀衔环杯”等国宝级文物，同时，也为后人研究西汉时期的社会经济、生产状况、生活习俗等留下了珍贵的资料。

先祖的地位决定了刘胜这一脉在此后历朝历代非富即贵，同时也保证了刘氏家族世代书香传家。在这样的背景下，刘禹锡接受了很好的教育，少年时代便已精通诸子百家和前朝的诗词歌赋，19岁游学长安，21岁中进士，随后当上监察御史，23岁授太子校书，一路平步青云。如果安于做一名终日与国家典籍为伴的文官，刘禹锡的一生也许会顺遂，但他偏偏怀着复兴盛唐的志向，参与到打击结党营私的宦官和专权的藩镇节度使的改革之中。最终，改革失败，他被贬到偏远地区任职，辗转在四川、湖南、广东一带，一去23年，半生蹉跎。

值得庆幸的是，刘禹锡的晚年比较安逸，他以正三品虚职告老还乡，定居洛阳，过上了不为世事所累的悠闲生活。

心如明镜

在《史记》等书中，有一处被誉为仙境的所在，名叫“云梦泽”，由“云”和“梦”两个巨型湖泊组成。战国后期，长江北的“云”变为沼泽，长江南的“梦”浩瀚如旧，从此，“云梦”说法不复存在，人们将这片号称方圆800余里的大湖称为“洞庭湖”，这个名字沿用至今。

山水相映方为胜景，有洞庭湖则需要有洞庭山与之对应，“洞庭山”是洞庭湖中名叫君山的岛屿。据方志记载，君山由大小72座山峰组成，山中盛产名满天下的名茶“君山银针”和只此一地出产的植物“君山斑竹”。君山是道家典籍中记载的福地，吸引了李白、杜甫等诗人到这里流连并写下诸多诗歌，刘禹锡的《望洞庭》便是其中的名作。

在23年被贬谪四处为官的奔波生涯中，刘禹锡数次路过洞庭湖，这一次，他从巴蜀夔州奔赴安徽和州（今安徽和县）担任刺史，也许是因为从边地到一处相对富庶的所在任职而感到高兴，他挥笔为洞庭水域留下了这首《望洞庭》。四句诗中，诗人的视角变换了四次：微风不起的静谧夜晚，澄明湖水与皎洁秋月相映生辉——这时的视角是从下及上，从湖水至天际；随后，诗人将目光收回落在湖面，湖水仿佛未经打磨的铜镜，凝重而没有半点波澜；转而，诗人放眼远方，只见洞庭山水苍翠相融，浑然一体；最后，诗人的眼光落在远处的君山这一点，此时此刻，只有身在其中才知其大的君山，看起来就像洞庭湖这面白银盘里的一颗小小青螺。在摄影技术发达的今天，如果按照《望洞庭》这首诗的视角转换来拍摄洞庭山水，应该也是一部美好的纪录片吧！

安居陋室

刘禹锡擅长诗歌创作，同时他也是写散文的高手，《秋声赋》《陋室铭》都是脍炙人口的名作，特别是《陋室铭》，其中的“山不在高，有仙则名。水不在深，有龙则灵。斯是陋室，惟吾德馨”，至今仍然被人们在不同的场合加以引用。

事实上，刘禹锡创作《陋室铭》时同样也是在坎坷的贬谪生涯中。在今天的安徽和县城内，有“陋室”旧址，碑碣不存，年久失修，只有当地人还传说着这里曾经居住过一位能苦中作乐、于困顿中保持傲骨的诗人。当年，刘禹锡到和州任刺史，当地知县虽然官职比他低，却掌握着实权，于是对他百般戏弄，一再搬迁其住所，从面对大江的荒芜院落搬到最后只剩一间仅能放下一桌、一椅、一床的斗室。知县以为刘禹锡再也不可能自得其乐，却不料就是在这间斗室之中，刘禹锡写下了《陋室铭》这一传世名篇。“苔痕上阶绿，草色入帘青。谈笑有鸿儒，往来无白丁”，文中这样的表述让人们看到，在这位心胸旷达的诗人心中，陋室自有其美，这种美不仅仅因为诗人能看到别人看不到的清新小景，更因为诗人有着富足的精神生活、与志同道合的好友往来，那么，相对于心灵饱满，环境窘迫又算得了什么？

传说，刘禹锡的《陋室铭》一经写成便流布深远，当时的大书法家柳公权亲自为他撰写了《陋室铭碑》，成为佳话。现今，柳公权的墨宝已无迹可寻，明朝书法家文徵明在84岁高龄完成的行书作品《陋室铭》成为故宫博物院书法藏品中的珍宝。

陋室铭

[唐]刘禹锡

山不在高，有仙则名。
水不在深，有龙则灵。
斯是陋室，惟吾德馨。
苔痕上阶绿，草色入帘青。
谈笑有鸿儒，往来无白丁。
可以调素琴，阅金经。
无丝竹之乱耳，无案牍之劳形。
南阳诸葛庐，西蜀子云亭。
孔子云：何陋之有？

浪淘沙

［唐］刘禹锡

九曲黄河万里沙，
浪淘风簸自天涯。
如今直上银河去，
同到牵牛织女家。

诗豪本色

在唐朝诗人中，刘禹锡被誉为“诗豪”。“豪”是对他的豪放直率和心胸阔达的状写，也是对他诗文中随处可见的奋发自立、不屈不挠以及乐天知命的健康心态的赞美。

刘禹锡青年时代平步青云，随后命运急转直下，被贬谪 23 年，辗转屈居在遥远边地，满腹经纶、满怀壮志的他再没被重用，成了“弃置之人”。对于任何人来说，这都是致命打击，但他始终保持乐观精神，在坎坷生涯中尽显诗豪本色。

在被贬谪的 23 年中，刘禹锡曾两次奉诏回长安，以他的才学和人脉完全有机会重返政治核心，但他两次都由于仗义执言而遭受更多的伤害。两次起因都是写诗，两首诗又都写于游览长安玄都观时。第一次回京，距离刘禹锡被贬谪已过去 10 年。目睹大部分官员的懒政和无为，刘禹锡痛感朝中缺少正义之士，写下了《游玄都观》：“紫陌红尘拂面来，无人不道看花回。玄都观里桃千树，尽是刘郎去后栽。”这首诗充满了对钻营上位的朝中新贵的无情讽刺，当朝许多官员读后非常气愤，难道“刘郎”之后就再也没有能治国的人了吗？很快，刘禹锡被贬出京，到了更偏远的今天的广东连州。第二次回京，又过去 13 年。此时唐朝更加衰败，官场之上趋炎附势、溜须拍马、结党营私已成风气，一身傲骨的刘禹锡因此对政治更加失望，他再次游览玄都观，写下了《再游玄都观》：“百亩庭中半是苔，桃花净尽菜花开。种桃道士归何处，前度刘郎今又来。”这首诗旧事重提，再次向打击诗人的权贵发出挑战，表明了不会屈服和妥协的意志，自然得罪了更多的人。但刘禹锡并不在意，他从此以疾病告老，彻底离开腐败的官场，同时放弃了经世治国的理想，成为专注诗文的世外之人。

阔达风流

每一位诗人的创作心路都与他的生活经历密不可分，所谓“言为心声”正是如此。了解了刘禹锡大半生的起起落落，再读他的诗歌，自然会被他的豪放打动，能在如此不顺遂的一生中笑对命运的击打，苦中作

乐，苦中奋发，并非常人能够做到的。

刘禹锡留下了很多励志诗篇，《浪淘沙》是其代表作之一。《浪淘沙》是一组有内在联系的七言绝句，一共九首，“九曲黄河万里沙”是其中第一首，为开篇之作。写作这首诗时，刘禹锡被贬谪到夔州任职，他对当地淘金者的生活非常熟悉，这首诗也是站在淘金者的立场来写的。传说，黄河有九道弯，兜兜转转，风吹浪打，黄河携带的泥沙流到这里，淘金的人们胼手胝足，在沙砾中淘金，却不知道结果如何。这句诗表面上在写黄河泥沙俱下和淘金者生存不易，实际上却是诗人在针砭时政——在当今朝中，泥沙俱下的是那些有碍社会发展的人，而普通百姓的命运只能由他们左右，正如沙里淘金一样充满不确定性。这是令人失望的现实，但诗人并没有因失望而呈现出失意，他描画了一个浪漫的结局：既然如此，那么干脆逆流冲上银河九天，到牛郎织女的家中享受男耕女织的安静生活吧。这是诗人的浪漫主义情怀，也是对美好社会的朴素向往。

这首诗为接下来的八首奠定了达观的基调，八首诗虽然不是在同时、同地完成，而是辗转多地、绵延数年才最终写就，但其中不变的是刘禹锡的浪漫与旷达。

刘白唱和

就像李白与杜甫并称“李杜”一样，刘禹锡与诗人白居易并称“刘白”，他们合作完成了见证两人友谊的《刘白唱和集》。

早在刘禹锡与白居易相识前，他们已各自名扬天下，彼此仰慕已久。刘禹锡卸任和州刺史返回当时的都城洛阳，适逢白居易从苏州返回洛阳，两人在扬州相遇，结为莫逆。

刘禹锡的晚年可以说是与白居易一起度过的，他们常见面，不断写诗互相酬答，这些在《刘白唱和集》中都可以读到。值得一提的是，他们初次见面就以作品互赠。在扬州，白居易感叹刘禹锡半生飘零，写下《醉赠刘二十八使君》，最后一句写道："亦知合被才名折，二十三年折太多。"酒醉的刘禹锡现场写下《酬乐天扬州初逢席上见赠》作为回应："巴山楚水凄凉地，二十三年弃置身。怀旧空吟闻笛赋，到乡翻似烂柯人。沉舟侧畔千帆过，病树前头万木春。今日听君歌一曲，暂凭杯酒长精神。"从这首明白晓畅的诗中，读者可以再一次领略刘禹锡的诗豪本色，而"沉舟侧畔千帆过，病树前头万木春"早已成为千古名句，为无数面对人生浮沉的人带来希望。

一生曲折的刘禹锡度过了安逸晚年，而后带着朋友的友谊和世人的敬爱离世。难得的是，这个原本可以尽情哀叹和控诉命运的人，在他存世的诗文中，从未留下悲情的声音。

醉赠刘二十八使君

[唐]白居易

为我引杯添酒饮，与君把箸击盘歌。
诗称国手徒为尔，命压人头不奈何。
举眼风光长寂寞，满朝官职独蹉跎。
亦知合被才名折，二十三年折太多。

12 枫桥夜泊

［唐］张继

月落乌啼霜满天，
江枫渔火对愁眠。
姑苏城外寒山寺，
夜半钟声到客船。

夜泊松江

如果要在唐朝诗歌史上寻找仅凭一首诗名垂青史的诗人，《枫桥夜泊》的作者张继肯定榜上有名。有关张继的历史记载很少，根据《唐才子传》，可以知道他曾中进士，一生最高官职做到盐铁判官，隶属朝廷盐铁部，是级别不高的文职官员。张继以进士及第后，适逢“安史之乱”，没有马上得到朝廷任用，他随着聚集在长安的大批文人流落江南躲避战乱，到达苏州市。流离中的一夜，张继寄宿于松江之上封桥之下的渔船中，触景生情，写下这首广为传诵的七言绝句。

《枫桥夜泊》的意象非常丰富，月亮、乌鸦、寒霜、江水、枫树、渔火、古城、名刹、钟声、小船，四句诗中包含10个可见可闻的现实意象，还要抒发感情，看起来简直是“不可能完成的任务”，而实际上，这首七绝的完成度非常高，浑然天成，平淡中自带奇绝。在这首诗中，天涯羁旅的诗人为读者勾画了一幅寂寞而宁静的小城秋夜图，凄清的月亮挂在树梢，半隐半现，偶尔划破夜空的乌鸦叫声凄厉突兀，天地之间雾霭茫茫，江边树影重重，渔船上一豆灯火映着渔人和客人的愁容，此时此刻，静谧肃杀，唯有苏州城外寒山古寺半夜敲响的钟声传来，空灵悠远，孤寂非常。

在各类唐朝诗集中，张继的诗最初被收集了大约50首，经过此后历朝历代研究者不断考据去伪存真，至今只有不足30首诗能确定是他的作品，提到张继，后人能记得的也只有《枫桥夜泊》了。然而，《枫桥夜泊》影响极大，这首诗面世之后，封桥改名为“枫桥”，寒山寺也因此名满天下。

和合二仙

在今天的苏州市姑苏区，因《枫桥夜泊》而闻名的寒山寺吸引着来自海内外的众多游客。这座寺庙始建于南朝萧梁时期，至今已有超过1000年的历史，是中国古代名寺之一。寒山寺在历史上曾多次毁殁和重建，现在作为旅游胜地的庙宇最后一次重建是在清朝光绪年间。

寒山寺最初名为“妙利普明塔院”，唐贞观年间，高僧寒山和希迁

在塔院的基础上兴建庙宇，又因为寒山是一代名僧，寺庙便以他的名字命名并沿用至今。

在中国民间，有一对情同手足的高僧被叫作“和合二仙”，他们正是寒山和尚与他的好朋友高僧拾得。关于他们，有一段动人的故事：寒山和拾得都是出家人，寒山写一手好诗，但行为怪诞，脾气不好，常常跑到各寺庙中“望空噪骂”，很多一起修行的和尚都认为他疯了。寒山流落到天台山国清寺，遇见“做饭僧”拾得，两人一见如故。拾得是孤儿，从小不知父母是谁，更没有兄弟姐妹，遇见同样无亲无故的寒山，彼此引为至交，朝夕相处，亲密无间。他们谈诗论道的文字被汇编成《寒山子集》，至今仍被有志于文学、宗教的后学者视为经典。

寒山和拾得的手足之情深受人们的仰慕，被称为“和合二仙”，是和睦友爱、情深义重的象征。

古寺钟声

围绕着《枫桥夜泊》中的“夜半钟声到客船”曾有很多争议，争议的核心在于寒山寺是不是真的会夜半敲钟，而发起争议的人则是宋代文学家、名列“唐宋八大家”之一的欧阳修。

中国历来有“暮鼓晨钟”的报时传统，晚间以鼓楼上的鼓声拉开夜幕，清晨以钟楼上的钟声宣告黎明，怎么可能有佛家的寺庙会在半夜时分敲钟呢？欧阳修因此认为，诗人张继一定是为了写一句好诗而罔顾事实。欧阳修是当时颇有影响的文人，他的质疑引发了众多的“考证”。有人集纳了前人写过的有关夜半时听到寺庙钟声的文章和诗句来证明在中国很多地方都有“夜半钟声”的存在。深得苏轼赏识的文人学者孙觌（dí）干脆亲自完成了“实地考察”，并以一首《过枫桥寺示迁老》来证明张继所写确为事实。孙觌写道：“白首重来一梦中，青山不改旧时容。乌啼月落桥边寺，倚枕犹闻半夜钟。”

争议终归是争议，但从一个侧面反映出张继这首作品影响之大。在今天的寒山寺山门外不远处就是枫桥，一座弯弯的小拱桥看起来并没有奇特之处，这样的桥在江南水乡也极为多见，但凭借一名诗人的一首作品，枫桥成为苏州著名地标之一，也成为人们到苏州必去参观的一处名胜。

《枫桥夜泊》是唐诗中较早“走出国门”的作品，也正是因为这首诗以及高僧寒山与拾得的佳话，早在1929年，日本仿造苏州寒山寺，在东京青梅市修建了一座寺庙，也叫寒山寺，并在石碑上镌刻了《枫桥夜泊》这首诗。同时，按照诗境修建了名为“夜半钟声”的钟楼，在寺庙边的溪流上架起了诗境中的“枫桥”。隔着千年时光，张继一定想不到他的诗歌会有如此深远的影响。

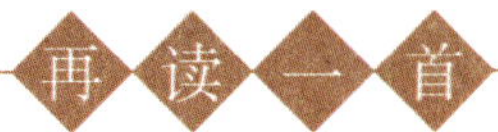

阊门即事

[唐]张继

耕夫召募逐楼船，
春草青青万顷田。
试上吴门窥郡郭，
清明几处有新烟。

13

赋得古原草送别

[唐]白居易

离离原上草，
一岁一枯荣。
野火烧不尽，
春风吹又生。
远芳侵古道，
晴翠接荒城。
又送王孙去，
萋萋满别情。

乐天诗魔

在唐朝，诗歌就如同现代的流行歌曲，人们把诗歌当作流行曲来诵读、传唱。写诗是文化风尚，读诗、唱诗则是娱乐风尚。在当时，认识一位诗人很简单，可以在茶坊酒肆，可以在梨园教坊。一旦有一首诗靠民间传播流行起来，人们就会记住诗人的名字，如果他的作品不断地出现并赢得人们的喜爱，他就有了青史留名的机会。李白、杜甫如此，生活在唐朝中期的现实主义诗人白居易也是如此。李白与杜甫占据了“诗仙”和“诗圣”的名号，白居易则被称为“诗魔”。

白居易出生在今河南新郑一户官宦人家，彼时唐朝日渐衰落，白氏一家为躲避藩镇割据带来的动荡，迁徙到今安徽宿州符离，他在那里度过了童年和少年时代。在《与元九书》中，白居易这样回忆读书生涯：“昼课赋，夜课书，间又课诗，不遑寝息矣。以至于口舌成疮，手肘成胝。既壮而肤革不丰盈，未老而齿发早衰白……”堪称真正的“皓首穷经”。

少年时代的文化积累和一生不辍的勤于学习，加之上天赋予的才华和运气，让白居易无论是创作之路，还是仕途之路，都比同时代其他诗人顺遂。他进士及第后平步青云，从小小县尉升迁到正三品官员，中间虽经贬谪亦有惊无险，最终以正二品官员身份告老还乡。他去世时 75 岁，是唐朝著名诗人中仅次于贺知章的高寿者，唐宣宗听闻他去世的消息专门写诗悼念，诗人李商隐则为他题写了墓志铭，可谓哀荣毕至。

一诗成名

唐朝有位名叫张固的文人，集纳中晚唐朝野逸事，编纂了一本书，名为《幽闲鼓吹》，其中记载了一则故事：一名自江南辗转来长安的 16 岁少年，将自己参照应试考题而做的诗投送到名士顾况门下，希望得到指点。顾况读第一句时，认为此人才华平平，提醒少年说：“米价方贵，居亦弗易。”读到第二句，惊为天人，感慨道：“道得个语，居亦易矣。”这位少年就是白居易，这首诗作正是他的代表作《赋得古原草送别》。

“赋得”是科举制度下的一种独特诗文体例，很像今天的命题作文。根据考题给出的事物进行描述和铺陈，这样的诗文体裁就被称作“赋得体”。从这首诗的标题推断，白居易大体上是根据“草”或者“古原草”的意象进行生发而创作了这首诗。“赋得体”的内容大多为咏物，要求题意分明，对仗整齐，限制之多决定了历来少有佳作。白居易这首诗因妙手天成、立意深刻而成为“赋得体”少见的传世经典。

看那原野上的绿草何其茂盛，年年岁岁枯荣相继，野火虽猛却不能将它灭绝，春风吹来它又蓬勃复苏。野草的芳香弥漫在悠长古道，阳光下连绵成片的绿色点缀着荒凉的古城。踏着青草送别友人，离别之情正如荒草蔓生……用白话解读这首诗，仿佛看见连天碧草、绿满荒原。巧妙的是，白居易在诗中自然地从原上草过渡到光阴嬗递和好友分别，将感伤化作生生不息的野草唱出的生命颂歌，充满了积极向上的力量。或许，这也正是这首诗流传不衰的原因吧。

引事成吟

白居易是唐朝新乐府运动的发起人之一，他历来强调诗歌在追求文学性的同时要顾及读者的阅读感受，文字必须通俗晓畅，内容则要紧扣时代脉搏。他将自己的创作思想概括为：“文章合为时而著，歌诗合为事而作。”

无论写诗还是做文章，白居易一生都在身体力行这样的创作主张。他的作品几乎都是围绕着“一件事”而做，从“这件事”引出深刻思考。在《卖炭翁》中，他细致讲述了一名贫穷窘迫的卖炭老人的遭遇，天寒

地冻，衣衫单薄的老人推着沉重的炭车徘徊在城门外期望买主到来，却不料带着皇家文书的宦官出现在眼前，一车炭转眼间被征用。更令人伤心愤怒的是，为了表示皇帝的所谓“公道”，宦官只给了卖炭老人全无用处且价值低廉的“半匹红绡一丈绫”，掩盖了掠夺的真相。卖炭老人的遭遇正是白居易生活的时代许多被皇家欺凌的老百姓生活的缩影；在《琵琶行》中，他不厌其烦地讲述在贬谪期间遇见的酒楼琵琶女从一名当红歌女变为独守空房的商人妻子后无限的凄惶落寞，对照他自己被贬谪的遭遇，以此来表达对命运无常和人世浮沉的感叹；在《长恨歌》中，他更是毫不吝惜篇幅，以华丽的语言、丰富的意象和严谨的结构酣畅淋漓地再现了唐玄宗和杨贵妃的爱情悲剧，像一出起承转合无不用心的经典戏剧一般，带领读者上天入地去寻觅一对有情人从相识相知、相恋相依到相离复又相思的细腻心路，最终咏叹出“在天愿作比翼鸟，在地愿为连理枝”的相爱不离的誓言……

引事成吟是白居易诗歌作品的独特之处，对于读者来说，能在一首精彩绝伦的诗外收获一个动人故事，更是白居易留下的莫大福利。

卖炭翁

[唐]白居易

卖炭翁，伐薪烧炭南山中。
满面尘灰烟火色，两鬓苍苍十指黑。
卖炭得钱何所营？身上衣裳口中食。
可怜身上衣正单，心忧炭贱愿天寒。
夜来城外一尺雪，晓驾炭车辗冰辙。
牛困人饥日已高，市南门外泥中歇。
翩翩两骑来是谁？黄衣使者白衫儿。
手把文书口称敕，回车叱牛牵向北。
一车炭，千余斤，宫使驱将惜不得。
半匹红绡一丈绫，系向牛头充炭直。

忆江南·其一

［唐］白居易

江南好，风景旧曾谙。
日出江花红胜火，
春来江水绿如蓝。
能不忆江南？

江南梦忆

“忆江南”原本是唐朝专门教授传习音乐、戏剧的教坊中常常用来填词演唱的一个曲牌，有着严格的调性和声律规则。通常，为“忆江南”曲牌填词，需要27个字，格式严谨。从唐朝至清朝，这一曲牌长盛不衰，名士文人因曲赋词，留下了许多动人作品。而真正通过作品让这一曲牌被大众熟识的诗人，非白居易莫属，他的三首《忆江南》是历代《忆江南》中当之无愧的扛鼎之作，三首词的开篇包含了“江南好”“江南忆”，因此，在白居易之后，文人们也将“忆江南”曲牌称作“江南好”或者“江南忆”，可见他对后世的影响之大。

白居易的一生与江南地区有着千丝万缕的联系和深厚的感情。他出生于河南新郑，举家迁徙到安徽宿州符离，这里的自然环境和生活方式都与江南水乡颇为相似。少年白居易带着他的名作《赋得古原草送别》入长安求取功名，就是经由江南转道进京。此后在他漫长的为官生涯中，他先后任职杭州刺史和苏州刺史，这样的经历让他深深爱上了这两座城市。

60岁那年，白居易因风疾不得不辞去官职，此后，他定居河南洛阳安度晚年。这时，唐朝的另一名优秀诗人刘禹锡也因病告老，回到洛阳生活，他们成为挚友，并频繁地互相写诗唱和。三首《忆江南》正是白居易在洛阳期间的作品。在他的作品中，江南是他的梦回之处，是他牵念的地方。

江南三叹

白居易的《忆江南》三首是连贯之作，尽管并非在同一时间完成，却有着密切的内在联系，从这三首词中也能清晰地看到他在江南留下的足迹。

三首词中的第一首最为读者熟悉。对一个地方或者一个人爱到深处，怎样表达都觉得不足以状写这份深情时，最简单直接的诉说反而更有力量。白居易是在创作上擅长深入浅出的诗人，他放弃了寻找惊人之语，而是开宗明义道出“江南好”，简洁有力地说明了他对江南的认识，一

个“好”字，既质朴又复杂，有铿锵之声。随后，诗人陷入了回忆，江南的好风景，是自己的“旧相识”，太阳初升，江边繁花有比火焰还热情浓郁的艳红；春天初至，烟波浩渺的江水绿得像蓬勃的蓝草般如梦如幻。一想到这些，谁能不留恋和追忆江南胜景？表面上，诗人在结尾设问，实际上，这个问题不需要回答，这正是诗人由衷的感叹。

如果说，《忆江南·其一》是诗人在概括性地描述江南的“好”，那么，后面的两首则是详尽的描述。

第二首写道：“江南忆，最忆是杭州。山寺月中寻桂子，郡亭枕上看潮头。何日更重游！”在这首词中，诗人明确地表达了对杭州的思念，思念灵隐寺中隐约飘来的桂花香，思念在杭州城的东楼看钱塘湖春潮的日子。思念至深，诗人不禁想到，什么时候才能再到杭州？从这一首，也能看到白居易格外珍视在杭州的经历。

第三首写道：“江南忆，其次忆吴宫。吴酒一杯春竹叶，吴娃双舞醉芙蓉。早晚复相逢！”这首词将追忆锁定在苏州，白居易在杭州任职两年余，在苏州一年多，苏州在“其次”自然可以理解。苏州是古吴国所在地，这里有当年吴王夫差为美女西施修建的“馆娃宫”，这里有年年新酿的美酒和能歌善舞的歌女佳人，曾经歌舞升平的日子，无论清晨还是夜晚，想起来就仿佛重回故地。

在白居易之后，包括刘禹锡在内的很多诗人都曾为“忆江南”填词，但至今无人能出其右。

江南留白

白居易爱江南，忆江南，梦江南，江南也没有辜负他的情义。在杭州人和苏州人心中，白居易是他们的骄傲。

在今天的杭州市西湖景区，有一条著名的白堤，两侧杨柳依依，风景旖旎，当地人传说这是白居易所建，称之为“白公堤”。实际上并非如此，白居易在他的作品《钱塘湖春行》中提到当时已有这条堤坝，并称之为“白沙堤”。不过，白居易在担任杭州刺史期间的确为杭州做了很多好事，他亲自主持疏浚六口淤塞的古井，解决了杭州市民的饮水问题；他也曾修缮堤防，蓄水灌溉农田，缓解旱灾带来的危害；他甚至在离任时留下一笔官俸，以便杭州官府用于治理时的应急周转，这笔钱用了很多年，成为杭州历史上第一笔“城市建设基金”。

尽管“其次忆吴宫”，白居易对苏州也有着难以割舍的情感。他任职苏州刺史期间，为了改善苏州的水陆交通，主持开凿了西起虎丘、东至阊门长达七里的山塘河，并在河的北岸修建道路，形成了商贾云集的“山塘街”。今天，山塘街已经成为苏州著名的历史文化街区，到苏州旅游的人每每乘船游弋在“七里山塘”，便能感受到古老的苏州味道。

钱塘湖春行

[唐]白居易

孤山寺北贾亭西，水面初平云脚低。
几处早莺争暖树，谁家新燕啄春泥。
乱花渐欲迷人眼，浅草才能没马蹄。
最爱湖东行不足，绿杨阴里白沙堤。

池上

[唐]白居易

小娃撑小艇，
偷采白莲回。
不解藏踪迹，
浮萍一道开。

童心不泯

在留存传世的唐代诗歌中，描述儿童生活的篇目并不多见，其中堪称佳作的作品，特别是出自大师手笔的篇什则少之又少。作为唐朝有“诗魔”之称且在文学史上地位堪比李白、杜甫的大诗人，白居易的一首描写儿童情态的五言绝句《池上》颇为珍贵。

《池上》出自白居易创作的组诗《池上二绝》，其中第一首描写的是两名僧人在寂静的山中无言对弈时的情景。诗中写道：“山僧对棋坐，局上竹阴清。映竹无人见，时闻下子声。”这首诗读来整体展现的是一个“静”字，两名仙风道骨的僧人静坐对弈，翠竹遮天蔽日，将两人身

影挡住，“竹阴”外的人只能偶尔听到轻轻落子的声音。白居易是制造意境的高手，他巧妙地用“下子声”反衬出棋局无声，营造了山林的空寂与神秘。

与“山僧对棋坐”这首诗相映成趣的是《池上二绝》的第二首“小娃撑小艇”，对比前者的“静”，后者“动”感十足。小小的孩子撑着小小的船一路冲进莲花深处，他偷偷采来的白莲，或许是藏在小船舱里了吧？这样淘气要是被大人发现了可怎么好啊？偏偏这得意忘形的小家伙不懂得隐藏自己，轻快的小船撞开水面上的浮萍，恰好暴露了他的行踪。

这首诗写在白居易 63 岁那年，彼时他安居洛阳，过着闲适的生活，国仇家恨、患难苍生都不再像过往那样能瞬间激起心底的波澜，他更渴望修身养性、颐养天年。这时，天真幼稚的孩童让他感受到人性中的纯真，老诗人下笔格外畅快，描绘的画面也妙趣横生。

生活本真

读到这首“小娃撑小艇”，很容易联想到另一位千百年来活在诗人作品中的钓鱼小童——唐朝诗人胡令能在七言绝句《小儿垂钓》中描写的那个顽皮的孩子。

诗中这样写道：“蓬头稚子学垂纶，侧坐莓苔草映身。路人借问遥招手，怕得鱼惊不应人。”短短四句，一个学着大人的样子躲在草丛中专心钓鱼的儿童形象跃然纸上，呼之欲出。在唐朝，未成年小孩留的是垂发，到八九岁才能在头顶两侧梳起髽（zhuā）髻，称为“总角”。诗人说这个孩子是“蓬头稚子”，可见他还不满八九岁。孩子随意坐在杂草丛生的水边，摇曳的野草掩映着他的身影。接下来，诗的后两句表明“有事情发生了”，原来，远远有人看到了小孩，高声叫着向他问路，孩子情急，赶快摆手让问路人噤声，担心人声会把正待上钩的鱼儿吓跑。

《小儿垂钓》洋溢着乡村情趣，质朴无华却又有着对生活中儿童情态和心态的精准把握。这样的描述与胡令能的个人经历分不开。在唐朝诗歌史上，他是一名“特殊”的诗人，他常年生活在河南农村，以锔碗补锅为生，人们都叫他“胡钉铰”。他熟悉农村生活，更熟悉生活在他身边的人，因此，他的诗有着浓郁的生活气息，文字清新朴实。他是来自百姓中的诗人，喜爱他的邻里们称他为“钉铰诗人”。

牧归野趣

在清朝，有一位著名文学家叫作袁枚，他也有一首脍炙人口的、描写儿童生活情趣的小诗，名为《所见》，由于其立意新颖，不拘泥于格律，一直深受人们喜爱。

这首诗的主人公是一名小牧童：“牧童骑黄牛，歌声振林樾。意欲捕鸣蝉，忽然闭口立。”与白居易和胡令能相同的是，这也是可爱儿童被“撞见”后诗人的信笔之作。牧童骑在黄牛上，一路高声唱着歌，由此可以感觉到，他一定心情大好，而且他身边一定没有人，只有黄牛与他做伴，满心欢喜的孩子声音响亮，歌声响彻整个树林。这是一幅乡野中的温情画面，静中有动，动中有声。旋即，歌声戛然而止，从激越动感顷刻间急转直下变为绝对安静，孩子突然紧闭嘴巴。为什么呢？原来，是突然发现有一只知了正趴在树上鸣唱，孩子一心想要将它捕捉到手中，生怕惊吓了它。随着诗意可以想象，原本轻松前行的小牧童一定停了下来，接着，诗人将想象的空间留给读者，牧童翻身跳下牛背，蹑手蹑脚走到树旁，他抓住知了了吗？还是知了意识到了正有一只小手伸向自己而迅速起飞逃离？这一切都留待读诗的人去填补空白。全诗不过20个字，一名开朗、机灵的小牧童被刻画得生动精彩。

袁枚是清代乾隆、嘉庆年间著名的学者、诗人、文学家，他一生著作甚丰。袁枚还是一名藏书家，他将自己做官的俸禄大半用来藏书，并专门在他居住的南京小仓山随园之内建立了一座小仓山房作为藏书楼。袁枚自号“随园主人”，他热衷美食，是当时名满天下的美食家，他专门写作了《随园食单》，记录他在40余年美食实践中的心得和收获的知识，同时，也记录了乾隆年间江浙地区的饮食状况和当时的很多烹饪技巧，至今仍然被热衷美食文化的人所喜爱。

再读一首

观游鱼

［唐］白居易

绕池闲步看鱼游，

正值儿童弄钓舟。

一种爱鱼心各异，

我来施食尔垂钩。

16

滁州西涧

［唐］韦应物

独怜幽草涧边生，
上有黄鹂深树鸣。
春潮带雨晚来急，
野渡无人舟自横。

浪子回头

在唐朝，对于一般百姓家庭来说，培养读书人是件不容易的事。后人在阅读唐朝诗人的生平时每每都能发现，他们大多出身官宦或士人家庭，虽然有些诗人在童年、少年时期经历了家道中落，但家境殷实毕竟是让家中少年安心读书的基本保障。

有一位诗人，其家世背景令同时代人艳羡不已，他就是以山水田园诗名满天下的韦应物。韦家是唐玄宗时期的名门望族，祖辈显赫，父亲是深得皇帝喜爱的花鸟山水画家韦銮。15 岁的韦应物仰仗父亲举荐，成为唐玄宗身边的带刀侍卫，伴驾出入，风光无限。此时，他是一名嚣张浪子，“一字都不识，饮酒肆顽痴”，即使进入皇家太学，仍纵情玩乐而不读书，他曾在诗中回忆少年时赌博、藏匿罪人、欺负良家妇女等诸多荒唐之事。然而，“安史之乱”如一场浩劫，伴随长安沦陷、唐玄宗南逃，韦应物失去了依靠，韦家陷入危机，昔日乖张少年成为不得不四处逃避战乱的难民，这对韦应物来说是一生中遭遇的致命打击。值得庆幸的是，他的天性和良知因此被唤醒。长安光复，韦应物入太学读书，此时他年过 20 岁，与很多少年扬名的诗人相比，这个年龄迟滞而尴尬。但韦应物天资过人，在短短七年时间里，他从无赖富家子弟变为心怀仁爱、才学出众的儒者，并获得了人生中第一份官职：到洛阳担任洛阳丞。

曾恃君逞强的韦应物走入仕途后仿佛变了一个人，总是因为看不惯官场作风而直言犯上，屡次被贬，却又屡次被起用。在为官生涯中，他始终保持着清廉本色，过着简朴的生活。他获得的最高官职是苏州刺史，为苏州做了很多好事，赢得了“韦苏州”的美名。

韦应物留下了多达 22 卷本诗集，在文学史上，他的山水田园诗比肩孟浩然、王维，他用一生的经历演绎了什么叫作“浪子回头”。

野渡横舟

《滁州西涧》这首诗创作于韦应物担任滁州刺史时期，这时他已经 47 岁，经历了社会动荡、官场不顺、妻子亡故，这一切渐渐磨平了他性格中的棱角，他越来越向往与世无争的读书生活，常常四处拜访隐士、

道人，追求内心平静，渴望远离红尘。韦应物深受闲散的魏晋名士，特别是归隐田园的诗人陶渊明影响，在他的诗中，对寄情山水、独善其身这一愿望的表达俯拾皆是。

滁州在安徽省，滁州西涧至今被当地人称为“上马河”。这里杂草丛生，人迹罕至，却是韦应物的最爱之处。身为刺史，他常常孤身一人到这里漫步。这首七言绝句，正是他在某一次“孤独行走”中的收获。诗的前两句，仿佛诗人在自言自语：我最爱的就是自由生长在水畔的那些幽深而杂乱的野草，我愿意向着草丛的深处探寻，倾听深藏在浓荫蔽日的野树枝杈绞缠中黄鹂的歌声。可见，这是一名孤单的诗人，滁州西涧则是独属于他的可以冥想的世界。诗的后两句打破了平静，黄昏来临，春潮上涨，夹带着突然而至的春雨袭来，涧水瞬间湍急，原本寂静的荒郊野渡唯有空荡荡的小船随波纵横。

表面看来，这首诗志在写景、寄情，但对于它的真实立意，千余年来争论不休，人们更愿意认为，这是诗人对自己不慕高官、安贫乐道的内心世界的表达，也包含着对于身在官场却不能把握自己命运的无奈。

伉俪情深

在韦应物存世的诗歌中，有 10 余首属于“悼亡诗”，即写给已经逝去的亲人，这位亲人是他的妻子元苹。

20 岁那年，韦应物与 16 岁的元苹成婚，元氏家族与韦家同是名门，元苹不仅相貌端庄，且精于琴棋书画。元苹成为韦夫人的时候，正值韦氏家境每况愈下，而韦应物本人也正处在刚刚失去了皇帝庇护和皇家侍卫身份的落魄之时。善良、贤惠的元苹承担了一切家务和子女的教育，鼓励和支持丈夫发奋苦读。遗憾的是，元苹在36岁时去世，此时，40岁的韦应物仕途上仍然坎坷。透过韦应物写下的那些怀念妻子的诗歌和他为妻子写下的墓志铭可以看到，元苹在世时过着清苦的日子，在她去世后，曾经那么风光的韦应物却连在简陋的官舍中为妻子设灵堂的能力都没有，只能在长安城租一间房子举行简单的葬礼。

在韦应物亲笔撰写的《故夫人河南元氏墓志铭》中，韦应物对妻子充满愧疚，深情回忆了他们在一起生活时的情景：每当回到家里，总能看到妻子和孩子，虽然生活贫苦，却因妻子治家有方而有着温馨的家庭氛围。妻子辞世，她的音容笑貌历历在目，她的旧时用品件件在侧，却再也不能夫妻携手……不仅如此，在此后韦应物的诸多作品例如《伤逝》《过昭国里故第》等诗篇中，都可以看到他对妻子的深切思念，看到这对清贫夫妻的伉俪情深。

元苹去世20年后，韦应物在苏州去世，随后归葬故里，与妻子合墓。

西塞山

［唐］韦应物

势从千里奔，

直入江中断。

岚横秋塞雄，

地束惊流满。

游子吟

[唐] 孟郊

慈母手中线，游子身上衣。
临行密密缝，意恐迟迟归。
谁言寸草心，报得三春晖。

坎坷诗囚

唐代诗人孟郊的名字始终与他那首无人不知的《游子吟》联系在一起，他留给后人的500余首诗中，最出名的便是这首。

作为诗人的孟郊才华出众，思想深邃，深得同时代文学家、学者韩愈的赏识，但是，在求取功名的道路上，他却非常不顺利，可以说是平生不曾得志。孟郊两次参加科举考试，两次落第，直到46岁才终于中了进士，但只得到在今天的江苏溧阳担任县尉的小官职。年龄比同僚们大，官职又低微，孟郊对这个结局非常不满意。担任县尉时，他常常到周边的山林间漫步、静坐、读书、写诗，放任自我以至于影响了公务，溧阳县令只能请另一个人来顶替他完成本属于他的“工作”。这样，孟郊的时间多起来，却不得不将自己的官俸分出一半给“代工”的人，本来就收入微薄，这下连维持生计都变得困难起来。

孟郊一生都过着穷苦的生活，甚至数度陷于饥寒交迫。关于他个人生平的史料非常有限，仅从一些残章断句中可以看到，他出身小官宦之家，家境清寒，他本人性格孤僻，不善与人交往，内向的性格决定了他更容易也更乐意沉溺于读书和诗歌创作。仕途多舛的孟郊一生将写诗当作最主要的“事业”，每每为寻求一个奇绝的字、一句精彩的诗而辗转反侧。诗歌创作对于他，是世界上最重要也最快乐的事，同时，也正是“这件事”使他忽略一切，他绝不允许自己仰仗才华而将诗歌创作当作聪明人的游戏，每次作诗总要严阵以待，精心锤炼，直到完全满意为止。他的这种初心无形中仿佛画地为牢将自己囚禁其中，因此，后世人称他为“诗囚”。他是唐朝“苦吟诗人”的代表，这种“苦”并非指生活和物质方面的贫苦，而是特指对创作精益求精的“苦求”。

诗出肺腑

在唐诗中，描写游子思亲、母子深情的诗歌并不少见。李白在《豫章行》中描述了母子分离时的悲戚：“老母与子别，呼天野草间。白马绕旌旗，悲鸣相追攀。”白居易有悲情的《母别子》，其中讲到母亲与子女“应似园中桃李树，花落随风子在枝”。

同样是描写母亲的慈祥、母爱的伟大，孟郊这首《游子吟》的视角则格外独特，描写也极为平实亲民。诗人首先描绘了游子临行前的家庭场景：孩子即将远行，母亲正在为孩子准备行装。夜晚时分，灯下的母亲飞针走线，为孩子赶制衣衫。母亲将儿子的行装细细密密地缝得结结实实，母亲对孩子的爱和盼望孩子早日归来的心情也悄悄地缝在针脚里。一旁的孩子虽然没有言语，却全部看在眼里，了然于心。接下来是诗人的感叹：对于孩子来说，母亲像春天的阳光一样不求回报，时时刻刻温暖着孩子。而孩子对于母亲来说，终究要远行，母子终究要面对分离，小草一般的孩子，即便有着报答母爱的仁者之心，又何尝能对得起母亲一生无怨无悔的付出？全诗在这感慨与叹息中戛然而止，母亲的拳拳之爱与孩子的依依不舍深深地印在读者心里。

孟郊的这首《游子吟》千百年来牵动着无数母亲和孩子的心，这是每个人都熟悉的生活场景，是每个人都曾体会过的母爱。诗人的肺腑之言，正是普天之下每一对母子的心声。

萱草有情

在西方，人们习惯将康乃馨作为象征母爱的花，一年一度的母亲节，孩子将康乃馨献给母亲，以表达对母爱的感谢。在中国，也有一种象征母爱的花，名为萱草。在中国最早的诗歌总集《诗经》中，就有将萱草作为母爱象征的记录。后人对《诗经》进行注疏时特别强调：“北堂幽

暗，可以种萱。”其中的“北堂”，正是古代母亲居住的房间。古代游子即将远行，往往会在母亲居住的房间之外种下萱草，为的是让母亲在思念孩子的时候有所寄托。萱草在民间也叫作“忘忧草”，看到孩子行前亲手种下的萱草，母亲能暂时忘却分离的烦忧。

写下动人的《游子吟》的诗人孟郊与他的母亲有着深厚的感情。家境贫穷的少年时代，是母亲殷殷切切鼓励他读书求学；屡试不第的打击让他一度要放弃功名，是母亲一次次为他打点行装，催促他上路去应试；当他再也不想以小小县尉的身份混迹官场，又是母亲督促他投奔河南尹郑馀庆，最终谋得到洛阳任职的机会……在孟郊的生活中，母亲是最可依靠、最贴心的人。于是，他奉献了另一首赞美母爱的诗《游子》：“萱草生堂阶，游子行天涯。慈亲倚堂门，不见萱草花。”在这首诗中，母亲已经年迈，但她对儿子的深情一如当年，母亲看着儿子的身影渐行渐远，连儿子种在堂前的萱草花也顾不上看。这又是一幅素淡的生活场景，但其中母亲对儿子浓浓的爱，余韵悠长。

岁暮到家

[清]蒋士铨

爱子心无尽，归家喜及辰。
寒衣针线密，家信墨痕新。
见面怜清瘦，呼儿问苦辛。
低徊愧人子，不敢叹风尘。

悯农二首

［唐］李绅

其一

春种一粒粟，秋收万颗子。
四海无闲田，农夫犹饿死。

其二

锄禾日当午，汗滴禾下土。
谁知盘中餐，粒粒皆辛苦。

宰相诗人

唐朝的很多诗人都曾在朝廷担任官职，如果按照官阶进行比较，李绅堪称位高权重。他曾任职宰相，民间以“一人之下，万人之上”形容他的身份，其中的“一人”专指皇帝。

李绅是无锡人，他的曾祖父李敬玄曾陪伴唐高宗读书，与皇室往来密切，李敬玄最终做到宰相，被封为“赵国公”，地位不输皇亲国戚。李家祖辈诗礼传家，但到了李绅父亲这一辈开始家道中落。李绅童年时父亲早逝，饱读诗书的母亲亲自教授他学问，加之他博闻强识，勤勉努力，27 岁时中进士，入翰林院，从此走上仕途。

李绅与诗人白居易同朝做官，在诗歌创作方面多有交流，是很好的朋友。白居易发起并推动了“新乐府运动”，主张诗人要关注现实生活，创作要体察民风民情，诗歌要反映时代风尚并且通俗易懂、深入浅出。李绅对这样的文学主张十分认同，也在自己的创作中身体力行。他是“新乐府诗歌”的创作实践者和社会推动者，在他留下的诗篇中，可以清晰地看到他对以白居易为代表的“新乐府诗人”所倡导的文学理念的践行。

悯农仁心

李绅的作品流传最广的是《悯农二首》，上至耄耋老者，下至牙牙学语的儿童，提起“锄禾日当午”几乎人人皆知。实际上，这两首诗对于李绅来说，真是妙手偶得。

任职翰林学士后，有一年，李绅回乡探亲，与同科进士、浙江节度使李逢吉一起登上家乡的观稼台眺望故乡景色。李逢吉正是春风得意，当场作诗一首，表达了自己渴望在官场步步高升的心情。李绅望着眼前正在劳作的农人，脱口念出一首五言绝句，这便是《悯农二首》中的第二首。中午烈日高照时分，在田间劳作的农人异常辛苦，汗水滴落在秧苗之下的土地中。前两句所写是他的所见，后两句则是他的所叹，谁会想到自己盘中的餐食，每一粒粮食都这样得来不易。这首信手拈来却又情真意切的诗作让李逢吉连连叫好，大赞这是为官者体恤劳动者的仁爱之心。谁知李绅此时意犹未尽，继而念出另一首。农人在春耕时节播下种子，到了秋收的时候迎来万担粮食，普天之下没有闲置的土地，农人们起早贪黑受尽了劳作之苦，却依然会在丰收之年饥饿而死。

李绅在《悯农二首》中表达的是他对民生和国政的思考，但李逢吉却从中读出了对朝廷的讽刺。他悄悄抄录了这两首诗，回到京中立即向朝廷禀报李绅对朝政如何“出言不逊”。李逢吉原本以为自己可以因为“举报有功”而获得朝廷的嘉许，或者还能就此升迁，但令他没想到的是，皇帝读罢这两首诗，对李绅的才华赞不绝口。皇帝认为，李绅是一位满怀仁爱的官员，能以这样的诗歌提醒君王不要忘却百姓生活的艰难，实在难能可贵，于是毫不犹豫地给李绅升职。由此，李绅成为专门监察官员违纪的机构——御史台的负责人，这个职位恰好符合他刚正不阿、敢于直言的作风。《悯农二首》也在不经意间流传开来，成为他的代表作，为他赢得了百姓的尊重和喜爱。

身后抱憾

李绅所处的时代正值唐朝中后期，盛世已经成为回忆，社会经济日渐衰败，但官场的争斗却日益激烈，官员们怀着不同的目的组成各式各样的小集团，结党营私，争权夺利。李绅也不可避免地被裹挟到这一系列明争暗斗中。性格直率的他不擅权谋，又常常得罪人，因此屡遭贬谪，一度被驱赶到遥远的广东肇庆任职司马。随后，李绅又意外地被起复任用，担任管理一方的河南尹。

在《悯农二首》中，后人读到的是李绅的爱民之心，但在为害一方的地头蛇眼中，李绅是他们的克星。李绅到任之前，河南地界地痞流氓横行霸道，一度凶顽到躺在道路中央假装睡觉以阻挡过往的车马并收取“买路钱”。然而，经过李绅的治理，这些人再不敢肆意妄为。李绅的政绩令当朝皇帝非常满意，他再一次重返唐朝的政治核心，终于像他的曾祖父一样官拜宰相。在他去世的时候，也拥有了“赵国公”的封号，李家因他而再度辉煌。

正如官场的变幻莫测，世事亦难预料。早在李绅治理河南时，关于他“辣手”“铁血”的传闻在官员中间已经甚嚣尘上。曾经，他在任时处死了一名贪污钱财、强娶民女的县尉，他去世后，生前嫉恨他的人将这一旧案翻出，上书皇帝说李绅是“酷吏”，被处死的县尉有“冤情”。经过漫长的核查、复审，终于，证明县尉贪污钱财属实，“强娶民女”不成立，仅凭一项罪名不该判死罪，是李绅因急于求成才罗织罪名导致了“冤案”。这个结果让皇帝非常恼火，一怒之下剥夺了李绅的一切爵位，同时株连到他的子子孙孙永世不得做官。自此，李绅家族在历史长河中消失了踪迹，只剩下《悯农二首》永远流传。

伤田家

[唐]聂夷中

二月卖新丝，五月粜新谷。
医得眼前疮，剜却心头肉。
我愿君王心，化作光明烛。
不照绮罗筵，只照逃亡屋。

江雪

［唐］柳宗元

千山鸟飞绝，
万径人踪灭。
孤舟蓑笠翁，
独钓寒江雪。

逆路歧途

在“唐宋八大家”中，唐朝文学家占据两席，首席位置属于古文运动的倡导者和推动者、文学家韩愈，第二席则当仁不让地被文学家、思想家、诗人柳宗元所占据。

柳宗元祖籍山西河东，因此被称为“柳河东”，又因曾在广西柳州任职，为柳州做出过很多贡献，也被称为“柳柳州”。柳宗元出身官宦世家，少年时代随做官的父亲游历过很多地方，眼界开阔，博学多闻。他取得功名时年仅 21 岁，仕途一度非常顺利，并赢得了当时朝廷重臣的赏识。柳宗元走上政治道路之时，正值唐朝社会经济日渐衰退、朝中宦官当权之际。以重臣王叔文为首的一部分官员倡导实行改革，意欲剪除宦官势力，振兴经济，发展农业，柳宗元成为改革派中的精英分子。不幸的是，由于皇权更迭，支持改革的唐顺宗被迫将帝位让给宦官集团极力扶植的唐宪宗，致使这次被称作“永贞革新”的改革只持续了 180 天即宣告失败，柳宗元、刘禹锡等改革的主要干将全部被贬谪到偏远的州县去担任司马，这就是著名的“二王八司马事件”。柳宗元被贬到湖南，担任永州司马，从此远离了长安政治中心。

作为唐朝有名的散文大家之一，柳宗元留下的大量作品都是在永州的十年间完成的。司马是很小的官职，官务简单，日子清苦但非常清闲。在永州，柳宗元与情投意合的朋友畅游山水，写下了著名的《永州八记》，对永州的风土人情、自然风光有着丰富而精彩的记录，至今仍是唐代游记类散文中的佳作。

在永州任职十年后，柳宗元奉调回到长安。针对他的任免，朝廷官员各执一词，有人认为他恃才傲物不可重用，有人认为他是不可多得的政治人才。遗憾的是，最终反对者占了上风，他再次被遣离长安，到广西柳州担任刺史，这是他一生最后的官职。三年后，他在柳州去世，年仅 47 岁。

羁旅孤舟

柳宗元留下的作品，以论理文章和散文数量最多，诗歌存 140 余首，

其中，读者最熟悉的莫过于五言绝句《江雪》。

《江雪》写作于柳宗元贬职永州司马期间。经历了改革失败和流放贬谪，他对朝廷失去了信心，作为心志高远的文人，只能借助诗文以明志，表达宁肯忍受孤独也绝不与贪官污吏同流合污的决心。这首诗正是他对自己的孤高心志的曲折状写。

无论写诗还是作文，柳宗元擅长深入浅出地以平实意象引申出深刻道理，《江雪》也是这样。诗的起笔是一片远景，群山壮阔，看不到鸟的踪迹，山峦之中的曲折小径人迹罕至。仿佛摄影机镜头不断拉近，直至近到眼前江面上孤单小舟中身披蓑衣、头戴斗笠的老渔翁。雪寂无声，老人静静钓鱼，江面被茫茫大雪覆盖。如果将这首诗画成一幅画，无非是寒雪连天的日子，一位老者在江上垂钓。但是，到了柳宗元笔下，这一切便复杂得多，山不仅是一座山，他用了“千山”，路不只是一条路，他用了“万径”。这里的“千”和“万”并非实指，而是极言其多，完全可以理解成“所有的山和所有的路”，如此说来，“鸟飞绝”和“人踪灭”就已经不仅限于眼前，而是整个世界。至此，诗人意犹未尽，在后两句强调了“孤舟”和“独钓”，将老者放在这样的环境下，这便是旷世孤绝。

理解了《江雪》所营造的意境，就能理解柳宗元并不是在写老人垂钓寒江上，而是在告诉世人，即使成为这样的“天地一行者”，他仍然会坚持理想。这首诗中的老人，正是在人生逆境中执着坚持的诗人自己。

黔驴技穷

中国是成语之国，很多成语不仅有深刻的寓意，同时还包含着有趣的故事。比如，当人们想说一个人有限的一点小本领也用完了，实在没有更强的能力时，通常会说这个人“黔驴技穷”，这个成语便是由柳宗元贡献的。

仍是在任职永州司马期间，柳宗元写下了三篇寓言合并成一组，题为《三戒》，其中最著名的《黔之驴》讲了这样一个故事：黔地没有驴子，有人用船运输了一头毛驴，放养在山下。老虎看见了，觉得这家伙怎么这么大个头，又好奇又害怕。老虎开始偷偷观察毛驴，一点点靠近它。不料，毛驴大叫起来，老虎瞬间被吓跑了。此后的日子里，老虎依然与其保持一定的距离挑逗它。毛驴很生气，用蹄子踢老虎。这下老虎明白了，原来这并不是什么神物，只是会叫会踢，没有大本事。终于有一天，老虎把毛驴吃了。

在文章结尾，柳宗元写道：“形之庞也类有德，声之宏也类有能。向不出其技，虎虽猛，疑畏，卒不敢取。今若是焉，悲夫！”透过这篇短小精悍的文章，柳宗元嘲讽了那些貌似有才能实际徒有其表、外强中干却又爱逞能的人，在塑造形象生动的故事角色的同时，为后人留下了“黔驴技穷”这个经典成语。

黔之驴

［唐］柳宗元

黔无驴，有好事者船载以入。

至则无可用，放之山下。

虎见之，庞然大物也，以为神，蔽林间窥之。

稍出近之，慭慭然，莫相知。

他日，驴一鸣，虎大骇，远遁；以为且噬己也，甚恐。

然往来视之，觉无异能者；

益习其声，又近出前后，终不敢搏。

稍近，益狎，荡倚冲冒。驴不胜怒，蹄之。

虎因喜，计之曰：“技止此耳！”因跳踉大㘎，

断其喉，尽其肉，乃去。

噫！形之庞也类有德，声之宏也类有能。

向不出其技，虎虽猛，疑畏，卒不敢取。

今若是焉，悲夫！

寻隐者不遇

［唐］贾岛

松下问童子，
言师采药去。
只在此山中，
云深不知处。

郊寒岛瘦

在中国诗歌史上，贾岛和孟郊经常被一同提起，他们都是平生清贫却对诗歌艺术探索不息的诗人。宋代文学家苏轼以“郊寒岛瘦”将两位诗人并列，“寒”与“瘦”这两个字，既说明了他们一生寒素、窘迫的生活状态，也准确概括了他们的诗歌风格。

贾岛祖籍范阳郡，在今天河北省涿州一带。他青年时居住在今天的北京房山石峪口，那里至今还有贾岛庵遗址。贾岛家中一贫如洗，常食不果腹，迫于无奈，他只能出家为僧，栖身寺庙以求一日三餐，法名无本。19 岁时，贾岛离家，以僧人身份云游至都城长安。在长安，他结识

了文学家韩愈，在韩愈的劝说下还俗并参加科举考试。贾岛虽然在写诗方面才华卓越，但在考场上运气极坏，他屡试不第，依然过着三餐无继的愁苦日子。人到中年时，贾岛因写诗讽刺公卿被定了诽谤罪，以布衣的身份被逐出长安。原本是驱逐出京，却因祸得福，得以到四川的一个偏僻小县担任管理文书的主簿。数年后，又调任另一个小县管理仓库文书，这时贾岛已年过60岁，没多久就在任上去世。

中国文人历来相信“文章憎命达”“诗穷而后工”，如果一名诗人过上了锦衣玉食的生活，那么，他一定不可能再将全部精力放在创作上。因此，后世评论家常常认为，今天之所以能够读到贾岛那些透着凌寒之气、傲骨如霜，同时用字奇险却有意外效果的诗歌佳作，正是拜他的贫困生活所赐。

诗坛异帜

贾岛年轻时，也曾对功名有所期待，他写过一首《剑客》：“十年磨一剑，霜刃未曾试。今日把示君，谁有不平事？”表面上看，这首诗说的是淬炼宝剑，历经十年辛苦，青剑炼成利刃，从未试过锋芒。如今以剑示人，愿意倾听世间的不平之事，以拔剑相助。在后人的阐释中，通常认为这是贾岛渴望建功立业的心声，历经多年炼成的寒霜宝剑，则象征着他的满腹经纶与卓著才华。

生活是最好的老师，坎坷人生让贾岛渐渐失去了性格中的锋利，不断遭遇的挫折使他越来越倾向于云游四方，寄情诗歌创作。因为这样的转变，贾岛在科举失意后，更多的作品专注于表现凄苦、孤绝的心境。《寻隐者不遇》就是这类作品中的佳作。

在唐朝诗歌史上，贾岛是一面异色旗帜，他的诗中处处显示着独来独往、独善其身的个性。以今天的视角解读《寻隐者不遇》，这首五言绝句富有戏剧感，仿佛一段小品，记叙了作者生活中的一段往事。诗人到山中寻找隐居的朋友，恰好朋友不在家，只有书童应门。问一声：“你的师父去了哪里？”书童说：“师父进山采药了。”这是凡有过登门拜访经历的人都熟悉的场景，客人来访，主人不在家，家人说不清楚主人身在何方、几时归来。于是，诗人继续写道，小书童说，师父肯定就在山间漫游，只是云雾缭绕、山谷深幽，不知道这时候他在哪里行走，在哪里停留。

寻常小事，在贾岛笔下，不仅呈现了“事”本身，还让读者看到“隐者”的生活方式和生活环境。隐居山中，读书，采药，好不惬意，空山雾霭，仿佛仙人居所，怎不令人心生羡慕。这首诗虽短，却是贾岛的代表作，集中体现了他擅长写日常生活又于平淡中见丰厚隽永的特点。

推敲苦吟

贾岛对诗歌创作痴迷到了废寝忘食的境界，有“诗奴”的称号。他与当时最有影响力的文学家韩愈的相识，也缘起于此。

《题李凝幽居》是贾岛的另一首代表作，其中第二句写道：“鸟宿池边树，僧敲月下门。”最初，贾岛写的是“僧推月下门”，但他思来想去总觉得这个“推”字不好，不如用“敲”，又有所迟疑，静夜之中，“推”是此时无声胜有声，“敲”则凸显了以动破静的生动，到底用哪个字才好，让诗人颇费周折。传说，贾岛骑着毛驴在长安城中边走边琢磨，不断做着“推”与“敲”的手势，由于过于沉溺，以至于撞到了京兆尹的仪仗。这名京兆尹正是文学家韩愈。贾岛下驴请罪，韩愈问清缘由，两人竟一起寻思起来，韩愈最终帮他决定，还是“僧敲月下门”更有灵动之气。这就是著名的“推敲”的故事。至今，人们还用这个典故鼓励写文章的人一定要精益求精。

对于自己的诗作，他精细到一个字、一处声律的运用，一首诗写完，只要略有不满，绝不给人看。贾岛有位堂弟是出家人，法号无可，他曾写诗相赠，其中一句“独行潭底影，数息树边身”改了又改，耗时三年才定稿。在给无可的诗笺上，紧挨着这一句，贾岛写了一行小字：“两句三年得，一吟双泪流。知音如不赏，归卧故山秋。”他将字字推敲做到了极致。

题李凝幽居

[唐]贾岛

闲居少邻并，草径入荒园。
鸟宿池边树，僧敲月下门。
过桥分野色，移石动云根。
暂去还来此，幽期不负言。

山行

［唐］杜牧

远上寒山石径斜，
白云生处有人家。
停车坐爱枫林晚，
霜叶红于二月花。

杜家紫薇

“晓迎秋露一枝新，不占园中最上春。桃李无言又何在，向风偏笑艳阳人。”这是一首写春花的七言绝句，初看很难想到被吟咏的是什么花。其作者是晚唐诗人杜牧，题为《紫薇花》。写紫薇而通篇不出现紫薇，以侧面描写突出紫薇花在百花盛开的春天不与繁花争艳的清高品格，这奇特的构思为诗人赢得了一个名字——杜紫薇。

渗透在《紫薇花》中的高标别致，正是杜牧追求的理想境界。晚唐时期，适值李氏王朝的末世，社会经济衰败，藩镇割据，党争盛行，眼看一个王朝大厦将倾，以杜牧为代表的诗人们为唐朝诗歌史书写了最后一抹亮色，成为这个曾经的盛世王朝唱出的最后哀歌。

和很多青史留名的诗人一样，杜牧少年时饱读诗书、博通经史，他不仅文采飞扬，还是一名军事理论方面的专家。年轻时，他专门为《孙子》写下13篇注解，在古代兵书的基础上阐发自己的思考。在唐朝，诗人总是怀着报国的理想出仕，尽管他们的结局各不相同。杜牧生逢乱世，也有着家国情怀。23岁，他挥笔写下著名的《阿房宫赋》。在这篇文辞华丽、慷慨壮阔的赋文中，他描述了阿房宫的辉煌，剖析了秦朝如何骄奢淫逸最终不能避免亡国下场，让美丽的阿房宫付之一炬成为焦土。借着这篇赋文，杜牧对当朝政治腐败提出警示，《阿房宫赋》成为文学史上以古说今的典范之作。

杜牧以《阿房宫赋》赢得了朝中重臣的交口称赞，在此后的科举考试中，进士及第，并入朝担任文官。然而，即便是一代才子，在苟延残喘的晚唐也难有作为，他在仕途上毫无建树，年约49岁即病逝，只留下千古传诵的诸多诗篇。

秋叶至美

秋天是落叶季节，万木萧疏从此开始，在很多诗人笔下，秋天令人伤感。但杜牧在他的七言绝句《山行》中却为读者构筑了一个生机勃勃的秋天。这是一次诗人游历的记录，沿着萧萧落叶，踏着清冷的山路，远远看见隐隐约约被白云掩映的山中人家。追随诗人的脚步到这里，映

入眼帘的是一幅秋山图景，特别是“寒山”和“石径”更强化了冷寂。然而，接下来，仿佛蓄势已成之后的意兴勃发，伴随着诗人游踪的转变，全诗豁然开朗。此时已近黄昏，夕阳返照经霜的枫林，斑斓绚烂得简直比早春二月盛开的繁花还要美艳动人。

《山行》流传至今，一直被当作杜牧的七绝代表作，而为人们所津津乐道的不仅是诗人在谋篇布局和调词遣句时的工于匠心，更是因为一贯作诗绮丽细腻的杜牧在这首诗中传递的豪爽和热烈。

在唐朝，还有一首将秋天写得生机勃发的七绝佳作，出自诗人刘禹锡，名为《秋词》：“自古逢秋悲寂寥，我言秋日胜春朝。晴空一鹤排云上，便引诗情到碧霄。”在刘禹锡笔下，秋天哪有什么悲情、伤感，看那晴空之下白鹤腾空而上，仿佛将诗人情思牵动到九天之外，这完全是生命的恣意欢歌。

刘禹锡生活的时代早于杜牧，他屡遭贬谪。杜牧虽然一生顺遂，却在唐朝末世报国无门。他们各有各的悲伤，然而难得的是，他们通过这两首秋天的赞歌，传递给读者襟怀宽阔的积极入世与乐观向上的态度。

咏古高手

在唐朝，有一类诗歌，以演说古代的故事、凭吊古代的遗址、缅怀古代的人物来表达对自己所处时代的政治与社会问题的思考，人们将其称为“咏古诗”。杜牧是写作咏古诗的高手，他学识渊博，在为官期间有机会游历许多名胜古迹，常常盘桓在古战场、古城遗迹等地，发怀古幽思，写现实诗文。

以古喻今为杜牧所擅长，他的名篇《阿房宫赋》就属于这类作品。《江南春》是杜牧咏古诗的代表作之一，诗中这样写道："千里莺啼绿映红，水村山郭酒旗风。南朝四百八十寺，多少楼台烟雨中。"杜牧描述的是江南暖春的美好景象：大地回春，鸟鸣声声，红花绿草，相依相映，山边水乡村落酒旗飘飘，一片歌舞升平。南朝时皇家修建的鳞次栉比的寺庙，笼罩在烟雨蒙蒙之中。这首诗看似写景，实则在表达对当朝皇帝追求长生不老、求仙修道而不问国事的指责与讽刺。南朝皇帝礼佛至痴，最终也不过消亡于历史长河，如今的皇帝走着相同的路，难道就不知道结局吗？诗人内心感慨的曲折表达，却意外地为读者留下了书写江南春色的名作。

《江南春》中写到的"江南"指的是今天的南京，杜牧还有一首咏古诗名作《泊秦淮》也是以南京为背景："烟笼寒水月笼沙，夜泊秦淮近酒家。商女不知亡国恨，隔江犹唱后庭花。"《玉树后庭花》是南朝遗曲，历来被用来指代亡国之音，秦淮河则是南京著名的饮酒享乐之地，诗人眼见盛唐不再，酒家女却还在唱着亡国歌，心中的痛楚唯有以诗歌表达。

赤壁

[唐]杜牧

折戟沉沙铁未销，
自将磨洗认前朝。
东风不与周郎便，
铜雀春深锁二乔。

清明

［唐］杜牧

清明时节雨纷纷，
路上行人欲断魂。
借问酒家何处有？
牧童遥指杏花村。

寒食清明

中华民族有着博大精深的历史文化，一年之中名目繁多的传统节日无一不包含着独属于中国的民俗文化。一年一度的春节，无论身在何处的中国人都要踏上回家的路，为的是阖家团圆，共度辞旧迎新的重要时刻；每年正月十五的元宵节，各个地区的中国人举家团聚，赏灯共游，在一年之中的第一个月圆之夜尽享家庭之乐；同样的，每年仲春与暮春交接时的清明节，是中华民族祭祀的重要时间，每到清明节这一天，人们到郊外踏青，为亲人扫墓，寄托哀思。

中国古人根据天象物候、四季循环交替，渐渐对大自然有了深刻的了解，将一年 12 个月划分为二十四节气，并以二十四节气为依据安排农事，清明是二十四节气中的一个节气。清明时节，大地呈现出春天的温暖，万木吐绿，青草依依，浪漫的中国古人在这一天到郊外体验郊游之乐，亲近自然，感受春天的气息。按照古人对物候天象的观测，清明节过后，雨水逐渐增多，植物的生长日渐迅速，整个世界呈现出吐故纳新的生机。西汉时期，人们将踏青与祭扫先人之墓相结合，发展出融合了赏春与祭祀两个主题的清明节气文化。

作为中华民族的传统节日之一，清明节自诞生以来已经在华夏大地上传承了两千多年，其文化内涵也日渐丰富，伴随而生的许多清明活动也为人们所喜闻乐见。有些地方，清明节这一天要行插柳祭祖的礼仪；有些地方，要举行放风筝的民间娱乐活动；有些地方，还要在这一天植树……

忠义传说

清明节的前一两天为“寒食节”，围绕寒食节的诞生，有一个动人的传奇故事，至今流传在中国民间。

相传在春秋时期，晋国公子重耳为了躲避迫害而流亡在外，走到一处渺无人烟的所在，饥饿难耐却又没有食物，眼看就要昏倒在地。这时，随行的臣子中有一位名叫介子推的小官员送来一碗肉汤，公子重耳喝了肉汤之后恢复了精神。重耳发现介子推的衣袍上有血迹，问过才知道，

他刚刚喝下的肉汤是用介子推腿上切下来的肉煮成的，重耳泪流满面。

19 年之后，公子重耳重返晋国，成为历史上著名的晋文公，他感念当年追随他流亡的臣子，一一封赏，唯独忘记了曾经割股侍君的介子推。众臣子为介子推鸣不平，纷纷劝介子推找君王要赏赐。介子推是一个清高的人，他一向鄙视那些邀功请赏的人。他回到家里，背着老母亲隐居到绵山。晋文公得知这个消息后非常羞愧，亲自率领众臣子到绵山寻找介子推。山林茂密，要找到他谈何容易。有人出主意从三面放火烧山，留下一条出路，介子推自然会从这里下山。不料，山火烧尽，也不见介子推的踪影。士兵们上山寻找，才发现介子推和母亲被烧死在老柳树下。

相传，晋文公在介子推的遗骨处找到了他留给君王的书信，坦陈自己当年的所为并非为了今天的恩宠，只希望当年的公子重耳在今天能做一名清明君王。晋文公为了纪念介子推，下令全国在放火烧山的这一天严禁烟火，只吃寒食。因此，这一天被定为“寒食节”。第二年次日，晋文公登山祭奠，发觉老柳树复活，便赐名“清明柳”，并把这一天定为“清明节”，以祭奠介子推，勉励自己勤政清明。

沽酒归途

清明节是人们寄托对亲人和先辈的哀思的日子，为清明而作的诗词并不少见，杜牧这首七言绝句《清明》最脍炙人口。

在《清明》中，杜牧写下了自己在某一年这个特别的日子里的一段生活插曲。在春雨纷纷的清明节，那些奔波在路上去郊外祭祀亲人的人们，满怀着哀思，突然淋了雨，纷乱的心情更加凄迷，由不得面容悲伤。这时候，如果能找到一家小酒馆，饮上三两杯暖暖身子，平复一下心中的伤感，该有多好。于是，行人向路遇的小牧童询问酒楼的方向，小牧童伸手指向远处，那里正是以美酒闻名的杏花村。

杜牧在诗中一反惯用的用词华丽和意象复杂，文字简单，却意蕴无穷。好的诗歌，不仅本身含义丰富，还能引领读者联想到诗外。顺着牧童的手指，能不能看到酒楼的影子？沿着牧童指点的方向，是不是找到了杏花村？到了杏花村真能喝上田园风味的美酒吗？酒入愁肠，诗人或者说行人的心情好些了吗？……这一切，都尽在不言中，却又让读者忍不住去联想。一首《清明》，让读者尽情领略了中国故事意犹未尽、意在言外的魅力，这也是杜牧的魅力。

清明

[宋]黄庭坚

佳节清明桃李笑，野田荒冢[①]只生愁。
雷惊天地龙蛇蛰，雨足郊原草木柔。
人乞祭余骄妾妇，士甘焚死不公侯。
贤愚千载知谁是，满眼蓬蒿共一丘。

---

①冢：又作“垄”。

嫦娥

［唐］李商隐

云母屏风烛影深，
长河渐落晓星沉。
嫦娥应悔偷灵药，
碧海青天夜夜心。

多情公子

唐诗的发展正如唐朝的发展一样，经历了从兴盛到平淡。盛唐时期，中国诗坛百花争艳，佳作频出，蔚为大观，到了晚唐时期，诗人凋零，联手撑起诗歌半壁江山的诗人是李商隐和杜牧，他们并称“小李杜”。清朝有一位深爱唐诗的文人名叫孙洙，他署名“蘅塘退士”，以《全唐诗》为依据编辑了一本《唐诗三百首》，其中选择了22首李商隐的作品，数量仅次于杜甫的38首。这本书在中国民间可谓家喻户晓，可见李商隐的影响之大。

关于李商隐的身世有很多传说，他曾自称是唐朝李姓皇族的亲戚，

但这一说法并没有给他带来实际利益。少年时代，因为父亲早逝，年仅10岁的李商隐与寡母一起承担家庭重负，这位“五岁读经书，七岁弄笔墨”的家中长子要靠替人抄书挣钱贴补家用。不过，李商隐才华不凡，16岁时，不仅工于书法，在写作方面也展现出惊人才气。

与唐朝的诸多诗人一样，李商隐也参加了科举考试，但苦于无人引荐，屡屡不能中第。在洛阳，他结交了已经名震天下的诗人白居易以及一些在朝中做官的文人，经他们举荐，中了进士，有机会担任一些很小的官职。

李商隐生活的时期，唐朝快速走向衰落，彼时社会经济凋敝，朝野党争激烈。李商隐不擅长官场逢迎，仕途生涯平淡而低落。在官场，他近于失意；在诗坛，他盛名不衰。他的诗风秾丽，有多篇爱情诗流传于世并为后人所效仿，这一切为他赢得了“多情公子”的才名。

嫦娥奔月

李商隐的诗歌创作以七言诗见长，无论律诗、绝句，工整而不失精巧，用词华丽精准，颇有古风华彩。特别值得一提的是，他擅长使用典故，用在诗中如信手拈来又恰到好处。《嫦娥》正是一首于简单中见匠心的作品。

诗的题目是“嫦娥”，但作者并未从嫦娥起笔，而是将笔墨凝聚于对秋日深夜的描写。古人生活推崇雅致，屏风是室内常见的摆设，用来隔断主人内室与迎客外间，客人来时竖起屏风，意味着藏起自家隐私，客人去后将屏风折叠，内外并为一室，居家空间变大，视野也更开阔。在《嫦娥》中，诗人展示了以贵重的云母镶嵌制作的屏风，蜡烛影子映在其上渐渐暗淡，说明此时黎明将至。诗人将目光转向远方天空，只见银河正在消失，启明星正在东升。这又是寂寞的一夜，诗人想到月宫中的嫦娥，她应该很后悔当年偷吃丹药飞进月宫，以至于不得不忍受夜空苍茫如海的冷清。读罢全诗就会明白，诗人书写的真正核心并非嫦娥，而是孤寂。一个个不眠之夜，孤寂的嫦娥正如诗人自己。

这首诗借用了“嫦娥奔月”的典故。传说，嫦娥原是人间的美丽女子，嫁给了射掉九个太阳的英雄后羿。为了奖励后羿射日的功劳，昆仑山上的西王母给了他一枚长生不老丹，吃了可以飞升做神仙。后羿舍不得嫦娥，一直不肯吃。嫦娥不理解后羿的感情，总觉得后羿不吃丹药是因为丹药并不灵验。有一天，在好奇心驱使下，嫦娥偷吃了仙丹，竟真的飞到了月宫里，却再也不能与后羿团圆。传说每年八月十五月圆之夜，月亮里的阴影就是嫦娥在俯瞰人间寻找丈夫，中秋节也因此寄托了人们对家庭团圆的渴望之情。

绚丽诗心

李商隐留下的诗歌中不乏名句，例如人们熟悉的“春蚕到死丝方尽，蜡炬成灰泪始干”。实际上，这句诗并非赞美春蚕为人类做贡献至死方休，而是在描述相爱的人之间相思无尽，诗人借用春蚕吐丝的“丝”与相思的“思”谐音，实现了曲折婉转的表达，典雅而不直白。在李商隐留存于世的600余首作品中，相当一部分是写情感的，根据他的生平可以知道，这些表达相思、挚爱的作品，大多是写给他的妻子王氏的。王氏出身名门，嫁给诗人之后，勤俭持家，与丈夫感情深厚。然而，李商隐常常随着职位的变动而奔波，夫妻二人聚少离多，于是，李商隐常以诗歌代替家书，表达对妻子的思念。王氏只与李商隐一起生活了12年就去世了，在失去贤妻后，李商隐又为她写下了很多悼亡诗。在李商隐的情诗中，《夜雨寄北》非常出名，这首诗是他在客居巴蜀时寄给妻子的“一封家书”。全诗是这样的：“君问归期未有期，巴山夜雨涨秋池。何当共剪西窗烛，却话巴山夜雨时。”从首句可以推测，这是他给妻子的回复。这首诗语言简约朴素，深情款款，娓娓道来。你问我什么时候能回来，我自己也说不好啊，此刻巴蜀之地正是秋季，夜雨婆娑涨满河池。什么时候才能回来与你共坐西窗之下，守着红烛，给你讲讲今夜雨中的寂寥与相思？这首诗很家常，却用心巧妙。诗中“巴山夜雨”出现了两次，第一次是指写家书时的自然景况，第二次是预言回到家中之后回忆此时，这种流畅的时空转换和往复，让全诗缠绵深切，余味无穷。

无题

[唐]李商隐

相见时难别亦难，东风无力百花残。
春蚕到死丝方尽，蜡炬成灰泪始干。
晓镜但愁云鬓改，夜吟应觉月光寒。
蓬山此去无多路，青鸟殷勤为探看。

蜂

[唐] 罗隐

不论平地与山尖，
无限风光尽被占。
采得百花成蜜后，
为谁辛苦为谁甜。

十上不第

在唐朝，科举制度是朝廷选拔人才的重要手段，因这一制度不断为朝廷重臣所把持，出现了越来越多的不公现象，一批才华出众的学子因出身寒素，得不到有权势的人举荐而名落孙山，与那些才能不济之人同样成为“落第之人”，罗隐就是这当中格外引人注目的一个。

罗隐是唐朝末期的诗人，还是一名深受老子道家思想影响的道学家和在经史方面颇有造诣的学者。但是，在参加科举考试这件事上，罗隐的运气坏到了极点。青年时代的罗隐曾六次参加科考，六次以落榜告终。他原本另有名字，因为这六次落榜，才改为“罗隐”，意思是说，既然屡试不第，干脆断绝出仕的念头，归隐田园做个以耕读为生的普通人好了。在罗隐的诗文中，有“十二三年就试期”的说法，由此可知他在六次落榜后的多年间，曾断断续续又参加过多次考试，每次都以失败告终。为此，同时代的人把“十上不第”这个词专门送给他，只要提起“十上不第”，马上就知道是在说罗隐。

史载，罗隐考场失意还有一个很重要的原因，他总是用嘲讽的腔调和极尽挖苦的言语来讽刺社会和朝廷，这一点令考官非常厌恶。而罗隐根本不以为意，“屡教不改”，不仅如此，他还专门写了一本讽刺小品集叫作《谗书》。在序言里，开宗明义地说别人都是依靠科举求得功名，自己有才华却不被肯定，既然如此，不如写一本书自得其乐，自我安慰。这本书一经完成即风靡文人圈，罗隐在书中的嬉笑怒骂让很多虽然对科举不公深恶痛绝却敢怒不敢言的人大呼畅快。这本书让罗隐声名远扬，却也让他彻底失去了上榜的可能。

在今天，曾经赢得鲁迅先生盛赞的《谗书》依然是借古讽今类小品文的经典之作。

辛苦遭逢

在江浙一带，围绕罗隐的传说很多，人们称他为“圣贤嘴”。传说，罗隐是地仙，有真龙之身，玉皇大帝怕他在人间搅动风云，特地派遣天兵来换他的仙骨。天兵将罗隐的骨头捣碎、替换，这家伙咬紧牙关忍下

来。最终，剩下牙床骨换不成，他带着这样一副铁齿铜牙游走人间，专管不平事。纵观罗隐的作品，无论是像《谗书》这样通透、尖锐的散文，还是语含讥诮、词锋凌厉的诗歌，都显示出诗人心直口快、不畏权贵的傲骨。也许正是因为人们喜爱这样痛快淋漓的“毒古”，才会将如此美妙的传说附会在他身上。

罗隐一生坎坷，唐朝覆灭后，他依靠吴越王钱镠寄居江南。他在文坛名气很大，留下了很多类似“今朝有酒今朝醉，明日愁来明日愁”的名句。《蜂》的最后两句“采得百花成蜜后，为谁辛苦为谁甜”到今天仍在被广为引用。

《蜂》是一首咏物诗，被诗人吟颂的主体是蜜蜂。在这首诗中，诗人运用了“欲扬先抑”的创作手法。前两句，诗人描写的是蜜蜂铺天盖地而来的密集气势，无论在平地还是山顶，到处都可以看到蜜蜂忙碌的身影，它们恨不能将整个世界的花儿都强占了。接着，诗人话锋直转到对蜜蜂的议论，这些小生灵将采来的花粉酿成蜂蜜，这劳作之后的甜蜜成果又有多少留给了自己？

采蜜与酿蜜是蜜蜂的本能和生存方式，也是蜜蜂存在的价值。诗人以一首小诗为人们描画了蜜蜂短暂一生中的辛苦遭逢和无怨无悔，在夹叙夹议中让读者看到了蜜蜂的无私与高尚，也让这首诗成为唐朝咏物诗中的不朽之作。

居寒自嘲

罗隐还有一首深受人们喜爱的七言绝句叫作《赠妓云英》："钟陵醉别十余春，重见云英掌上身。我未成名卿未嫁，可能俱是不如人。"

这首诗源于罗隐的一段经历。曾经，他以秀才身份进京赶考，路过钟陵，遇见青楼女子云英，两人一见如故。多年以后，罗隐再度以"落第之人"的身份途经钟陵，竟然与故人重逢。仍然栖身青楼的云英开玩笑说罗隐仍然是白衣秀才，还没有资格换穿进士的绿色衣袍。云英是罗隐的老友，深知罗隐不是开不起玩笑的小肚鸡肠之人，还专门摆了酒与诗人叙旧。此时的罗隐早已经习惯了一次次失望而归，并没有觉得云英对自己有侮慢，反而认为这是一件朋友之间可以拿来插科打诨的小事。于是，这位才子随口念出了这首诗。诗的前两句，交代了十余年前两人相识后醉别这件事，顺便夸赞了云英十余年来不变的妖娆身材。后两句则充满了诗人的自嘲和性格中的倜傥：我罗隐到现在还是一介白衣，你云英到今天还没有觅得如意郎君，看来我们俩都是不如别人的失意者啊！

能否接受命运的曲折，是对人意志的考验；能否将命运曲折化为人生养分，则是对一个人的境界和胸怀的考验。罗隐的可爱，正在于他坦荡的胸襟和笑傲人生的态度。

自遣

[唐]罗隐

得即高歌失即休，
多愁多恨亦悠悠。
今朝有酒今朝醉，
明日愁来明日愁。

妈妈的古诗私房课 3

安顿 著
廖诗意 插画

贵州出版集团
贵州教育出版社

目
录

泊船瓜洲

京口瓜洲一水间，
钟山只隔数重山。
春风又绿江南岸，
明月何时照我还。

诗人政治家

在诗词创作最繁荣的唐朝和宋朝，很多诗人、文学家同时还是政治家，他们无一例外都在少年时代从同龄人中脱颖而出。北宋文学家王安石便是如此。

王安石，字介甫，出生于 1021 年，祖籍江西。少年时代的王安石博览群书，勤于笔耕，跟随父亲游历四方，体验了各地普通百姓的生活。16 岁时，王安石游学到北宋都城汴京，也就是今天的河南省开封市，在那里结识了很多有名望的文学家，并得到他们的赞赏。21 岁那年，他在科举考试中高中进士第四名，得到了人生中的第一个官职——淮南节度判官，开始了政治生涯。

王安石一生担任的最高官职是宰相，这使他有机会成为一名政治改革家。在他所处的时代，国家经济困窘，社会风气败坏，国防落后，他立志变法，改变积贫积弱的局面，让国家强大起来。他说服皇帝宋神宗，采取了很多发展社会经济、扶持农业、严明法度的措施，提出尊重人才、让有能力的人施展才能为国家做贡献的主张和办法。在王安石和其他改革者的共同努力下，变法取得初步成效，赢得了百姓的支持。但是，因为改革触动了一些拥有权力却不思进取的高官的利益，最终以失败告终。

作为文学家、诗人，王安石成就斐然。他的政论文章逻辑清晰、论述透彻，针对社会问题总能直指要害；他的散文简洁明快，特别是游记文章，将写景与抒情结合得天衣无缝，流畅自如；他的诗词精致大气、变化无穷，有些作品读来酣畅激扬、势如破竹，有些作品读来婉转美妙、格调隽永。他的诗词被称为“王荆公体”，在中国诗歌史上自成一家。

依依别钟山

《泊船瓜洲》这首诗提到三个地名——京口、瓜洲和钟山。京口，就是今天的江苏省镇江市；瓜洲，在今天江苏省扬州市南郊；钟山，即今天江苏省南京市的紫金山。

王安石六岁随做官的父亲居住在钟灵毓秀的南京，他在那里长大，对钟山有着深厚的感情。在他一生起伏的从政生涯中，拜相、罢相再拜

相，直至变法失败，黯然终老。其间数次归隐、流离，都寓居南京，与钟山为伴。南京就像故乡，在他心中有着特别的位置。《泊船瓜洲》这首诗正是写在他离开南京途经京口和瓜洲的惜别时刻。

在今天的江苏省镇江市，有一处著名景点名叫“西津渡”，这里曾是长江边的古老渡口，自三国时代到清朝中后期，一直是京杭大运河沿岸最重要的渡口之一。西津渡背靠蒜山，面对长江，历史上从京口沿水路南下或北上的船只，必然要从这里驶入长江。与京口西津渡一样，扬州瓜洲古渡也在长江边，是京杭大运河的一条分支与长江汇合的入口，它与西津渡隔长江相望，要进入中原腹地，瓜洲是必经之路。

了解了这些背景，便不难理解王安石在这首诗中隐藏的离情别绪。诗人站在西津渡口，在桅樯林立中遥望滚滚长江对岸的瓜洲，那是此次进京实现政治抱负的漫漫长路中的又一站，此时此刻，万般不忍却必须挥别的钟山已成青山远水之外的故地。当春风再度吹拂一草一木，将江岸染成绿意葱茏，清明的月光又在何时才能照亮回家的路？短短四句诗，写尽了诗人心中对渐行渐远的家园的留恋以及对事业、前途的忧虑。

字字求完美

很多文学家都有过类似的表达——好文章是改出来的。这是提升写作质量、造就完美作品的不二法门，同时也代表着一位写作者对待作品精益求精的严谨态度。王安石就是这样一个对自己写下的每一个字都力求千锤百炼、极尽精准的典范。

《泊船瓜洲》的第三句“春风又绿江南岸”中的“绿”字，是诗人反复锤炼的结果。最初，他用“到”字，写毕感觉缺少动感，换成“过”，仍然觉得不贴切，之后换成“入”“满”等十几个字，最终，他想到了“绿”。一个“绿”字，写活了春风。一夜春来，春风如扇动着的温柔而坚定的巨手，轻轻拂过千里江岸，随之百草茂盛，连绵不绝的新绿令人眼亮心宽。这是文字的力量，也是诗人的修为。

好的诗歌，总能为读者带来情景交融的画面，《泊船瓜洲》也因此令人百读不厌。

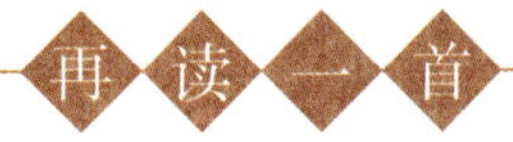

登飞来峰

[宋]王安石

飞来山上千寻塔，
闻说鸡鸣见日升。
不畏浮云遮望眼，
自缘身在最高层。

元日

［宋］王安石

爆竹声中一岁除，
春风送暖入屠苏。
千门万户曈曈日，
总把新桃换旧符。

喜悦新气象

古往今来，歌咏除夕的诗词数不胜数，其中较为人熟知的是王安石的《元日》。一首诗读完，中国古人欢度春节的热烈场面和喜庆气氛扑面而来。

爆竹声声炸响中，旧年过去。屠苏酒的香气随着和煦春风暖暖地飘散在大地。大年初一早晨，家家户户沐浴在初春朝阳的光辉里，他们的家门上已经用新桃符换了旧桃符。王安石以其精深华妙的诗笔，写出了这个古老节日所包含的文化底蕴和精神意境。一年一度的节庆活动，在这喧闹的爆竹声中，在弥漫的屠苏酒香里，在和暖旭日的辉映下，在千

门万户的桃符上开始。

王安石不仅是才华横溢的诗人、文学家，更是政治家和推动社会变革的改革家。在宋仁宗时，身为朝廷命官的王安石曾上奏一封“万言书”，表达了自己对国家命运的思考，无奈当朝皇帝志不在此。宋神宗即位后十分器重王安石，任命他为副宰相，并按照他的思路颁行了一系列新法，对社会经济和国家管理进行改革。《元日》正是写于王安石拜相执政推行新法的初期，因此，后人通常认为，《元日》不仅意在表现宋朝民间百姓过春节、迎新年的热烈场面，更是王安石对除旧迎新的政治理想的诗意表达。诗中洋溢着的喜庆，正是诗人经世济国这一政治抱负得以实现和满腹才华得以施展时的喜悦心声。

佳节重庆典

春节是中华民族的传统节日，也是中国人依照农历辞旧迎新的节日。

在民间，春节并非仅指除夕，而是从腊月二十三的“祭灶”直到正月十五的“上元节”。在这漫长的近一个月的时间里，丰富多彩的庆祝方式、别开生面的民俗活动以及绵延数千年的礼仪传承，共同组成了富有中华民族特色的春节文化。在北方，流传着一首童谣，形象地描述了春节时人们每天要做的事：“小孩儿小孩儿你别馋，过了腊八就是年；腊八粥，喝几天，哩哩啦啦二十三；二十三，糖瓜粘；二十四，扫房子；二十五，磨豆腐；二十六，去买肉；二十七，宰只鸡；二十八，把面发；

二十九，蒸馒头；三十晚上熬一宿；初一初二满街走。”接下来还有初三接财神、初五放鞭炮、初六开市大吉、正月十五逛花灯。这个春节，热闹而忙碌。

王安石在《元日》中开篇即提到“爆竹声”，在过年的时候放鞭炮是中华民族特有的民俗之一。每当除夕子时，新年钟声敲响，中华大地爆竹声震。

门神保吉祥

《元日》中提到“新桃换旧符”，桃符是中华民族的文化特产之一。

周代出现的“祀门”活动，是当时极为重要的一项典礼。古籍《山海经》记载，在东海之中有神山叫作“度朔山”，山上有一株大桃树盘曲三千里，在枝干延伸出去的最东北处有一座“鬼门”，那是众鬼出入的门户。把守鬼门，防止鬼怪进入人们家中的两位神将，一位叫神荼，一位叫郁垒。神荼、郁垒因专管鬼怪、邪物，能够驱邪避凶而受到世人敬仰，他们是最早的门神。早期的门神不是画，而是用桃木雕刻成人形，置于门上，震慑鬼神，因此，桃木又被视为驱邪之物，与神荼、郁垒的形象相配，力量强大。后来，人们把神荼、郁垒奉为门神，把桃枝用来辟邪，代代相传，并渐渐发展到将他们的画像贴在门上代替木雕。这就是《元日》中所写的“桃符”。

社会文化历经变迁，门神的形象也在不断变化。唐太宗麾下名将秦琼和尉迟恭，道教中的燃灯道人和赵公明，东汉名将铫（yáo）期和马武以及《水浒传》中的一些梁山好汉，都一度成为人们尊敬并钟爱的门神。时至今日，每到春节前夕，人们仍会“请”回心仪的门神像贴在门上，祈求阖家平安。

“请门神”的同时，中国人还讲究在春节时贴春联。春联正是起源于桃符。五代十国时期，在西蜀的宫廷里，有人在桃符上题写联语，这便是中国最早的春联。到了宋代，桃符由桃木板改为纸张，叫“贴春纸”。春节贴春联的风俗在明代开始盛行。传说明太祖朱元璋不仅喜欢在春节期间微服出城游玩，还喜欢亲自题写春联。某年春节，朱元璋微服出游，经过一户人家时，见门上没有春联，便问何故。原来主人是个杀猪的，正愁找不到人写春联。朱元璋当即挥笔写下“双手劈开生死路，一刀割断是非根”的春联送给这户人家，联意贴切，不乏幽默。经明太祖的提倡，此后写春联、贴春联便成为民间过春节时的习俗，一直流传至今。

书湖阴先生壁·其一

［宋］王安石

茅檐长扫净无苔，
花木成畦手自栽。
一水护田将绿绕，
两山排闼送青来。

饮湖上初晴后雨

[宋] 苏轼

水光潋滟晴方好，
山色空蒙雨亦奇。
欲把西湖比西子，
淡妆浓抹总相宜。

苏轼这个人

苏轼，字子瞻，出生于 1037 年，当时正是中国历史上的北宋时期。他是著名的文学家、书法家、画家，他自号“东坡居士”，因此，人们更喜欢称他为“苏东坡”。

苏轼一生最大的成就在于他的诗词创作，后人把他的词统称为“苏词”，在诗词作品中享有极高的文学地位。在苏轼之前，很多北宋词人写词是为了配合音乐家创作的乐曲，很像今天的“歌词”。自苏轼开始，词成为一种独立的抒情文体，拥有了自成一家的地位，并逐渐有了更丰富的表现内容。

苏轼才华横溢，而且非常富有生活情调。他擅长书法，常常在酒醉后挥笔，他的代表作《黄州寒食诗帖》气韵生动，一气呵成，是中国书法史上难得的精品。他还是一位美食家，著名的“东坡肉”就是他的发明。

在中国古代，并不是所有博学多才的人都会有好的命运，苏轼在文学艺术方面取得了非凡成就，在政治生涯上却不是一帆风顺。他是一名忠诚耿直的官员，当他对皇帝发布的一些政策不满意时，每每毫不犹豫地表达出来，让皇帝很生气，也让与他一起做官的某些同僚不满。于是，他几次被贬谪到偏远的南方，官职也越来越小。但是，苏轼并没有因此一蹶不振，他热爱大好河山，善于发现平淡生活中的美好，每到一处都有所发现，每到一处都留下了很多诗词名篇。

苏轼是真正“系出名门”的饱学之士，他的父亲苏洵、弟弟苏辙都是北宋有名的文学大家，人们常说的“三苏”指的就是他们三人。在《三字经》中，提到“苏老泉，二十七，始发愤，读书籍”，这个“苏老泉”正是苏轼的父亲苏洵。

踏遍西湖岸

苏轼原本是四川眉山人，但他把杭州当作自己的第二故乡，杭州人也喜欢把他当作自己的同乡，这是因为他和杭州有着很深的渊源。

1089 年，52 岁的苏轼担任了杭州知州。他发现，西湖一直疏浚不力，半湖壅塞，湖中水早已经干涸，长满了野草，既不美观，也耽误了农业生产。担任知州的第二年，他亲自奔赴劳动第一线，率领 20 万民工清理淤泥、疏浚西湖。他带领杭州人民把挖出来的淤泥筑成了一条纵贯西湖的长堤，并在堤上修建了六座形态各异的石桥，这条堤就是今天杭州西湖的“苏堤”。每到春天，西湖波光粼粼，苏堤两侧垂柳依依，“苏堤春晓”成为著名的杭州八景之一。

因为苏轼和众人的努力，西湖恢复了美丽的模样。苏轼又主持在湖水最深处立起三座石塔作为标记，每当月色清朗的夜晚，三塔倒映在无波的水中，与月亮交辉，成就了杭州八景之一的“三潭印月”。

如今，西湖已经成为中国极负盛名的旅游风景区，吸引着来自世界各地的游人。这里四季都令人流连，春季鲜花盛开，夏季莲藕飘香，秋季丹桂满树，冬季风清日朗。泛舟湖上，听美丽的船娘将苏轼与杭州的故事娓娓道来，那些千古流传的诗句也像有了生命一样，从古老的北宋时代飘然而来。

苏轼深爱着杭州，他笔下的西湖总是美得令人向往。《饮湖上初晴后雨》这首诗的前两句描写了西湖的晴天和雨日有着各具特色的美好，风和日丽之时，西湖的波光像闪烁的金鳞，细雨霏霏之中，环湖的群山空灵静谧；后两句则将西湖比作了中国美人，浓妆之中，美得饱满，淡妆之下，美得清秀，无论怎样看，都会让人看不够、看不厌。了解了苏轼与杭州的故事，就会理解，这首诗正是他对杭州西湖之美的爱的表达。

美女非等闲

在这首诗中，苏轼将西湖比喻成了西子。“西子”是中国古代的四大美人之一，她的名字叫作西施。

西施是战国时代越国的女子，天生丽质。越国遭受吴国的侵略时，越王勾践为了迷惑吴王夫差，将西施作为礼物送给吴王。吴王迷恋西施的美貌，常常沉醉于饮酒享乐，渐渐荒废了国事，对越国也不再防范。最终，越王勾践起兵消灭了吴国。

在今天的浙江省诸暨市，有著名的景点“西施故里”，这里的人们相信，为了家国大义而牺牲个人的西施姑娘就诞生于此。

千百年来，人们将西施的容貌描绘得美丽异常，难怪苏轼会认为她“淡妆浓抹总相宜”。

六月二十七日望湖楼醉书五首·其一

［宋］苏轼

黑云翻墨未遮山，
白雨跳珠乱入船。
卷地风来忽吹散，
望湖楼下水如天。

4

题西林壁

［宋］苏轼

横看成岭侧成峰，
远近高低各不同。
不识庐山真面目，
只缘身在此山中。

惊艳入朝

说到苏轼的家庭，人们喜欢用“一门三学士”来表达仰慕。在北宋，苏家父子三人都拥有才名并入朝为官，其中苏轼的出仕惊动朝野，引来一片喝彩之声。

苏轼 21 岁随父亲赴京师参加科考，考官是已名成功就的文学家、政治家欧阳修。苏轼的文章被送到欧阳修手上，欧阳修连呼“精彩”，他恍惚以为这是自己的弟子曾巩所做，为了“举贤避亲”，欧阳修忍痛将此文降为第二名，待到考卷打开露出苏轼的名字，欧阳修越发惊叹世上竟有如此才气逼人的青年。在随后的考试中，苏轼当之无愧名列第一。

欧阳修赞扬他："善读书，善用书，他日文章必独步天下。"爱才、惜才的欧阳修甚至说："老夫当避路，放他出一头地也。""出人头地"这个成语也由此而来。

同一年，苏轼参加由宋仁宗亲自主持的制策考试，获得第三名，弟弟苏辙获得第四名。因为是皇帝主考，前两名只设虚名，第三名实际上就是第一名。史载，仁宗皇帝被苏家兄弟的制策触动，不禁慨叹自己获得了两名绝佳的宰相人选。苏轼从此走上仕途。此后，宋英宗时期的宰相韩琦极力举荐苏轼，说他日后必将"为天下用"，应该放在重要位置上加以历练，苏轼因此获得擢升，进入直史馆任职，这是将来辅佐皇帝任职辅政大臣的必经之路。一时间，苏轼的名字轰动京师，人们都认为不久的将来他将担当大任。

命运阴差阳错，苏轼最终走上的是一条遍布荆棘的贬谪之路，他自己曾写道："问汝平生功业，黄州惠州儋州。"这三处偏远之地是他一生颠沛流离的三个落脚之地，对于他劳苦奔波的一辈子来说，只是区区三个片段而已。

患难乌台

苏轼遭遇的最大波折是"乌台诗案"，这也是他一生的转折点。这场风波之后，苏轼不再是身负宰相之才的青年才俊，而是成为崎岖仕途中的流徙之人。

宋朝官制规定，每一名外放的官员到任后要给皇帝写表谢恩，苏轼外放湖州，照例这样做。他对当时王安石推行的新政有不满之处，曾提出异议。这原本是官员间的辩论与商榷，不料，他的谢恩表得罪了朝中支持变法一派的官员，同时，因为他才名卓著，引来不少人的嫉妒，于是，以御史中丞李定为代表的官员开始在他以往的作品中寻章摘句，目的是为他定一个“嘲讽当朝皇帝”的罪名。苏轼在湖州任上被捕，惶恐中辞别家人，抵达京师后直接被投入御史台监狱。御史台是宋朝的监察机构，种植着诸多柏树，常年乌鸦环绕，被称作“乌台”。这时的苏轼自认凶多吉少，给苏辙写下《狱中寄子由二首》。人之将死，其言也哀，“百年未满先偿债，十口无归更累人”“与君世世为兄弟，更结来生未了因”“梦绕云山心似鹿，魂飞汤火命如鸡”这样的诀别诗，令人不忍卒读。

苏轼入狱，引来诸多朝廷重臣为他求情。王安石与他政见不合，但是，已经不再担任宰相的王安石为他上书皇帝，说“安有圣世而杀才士乎”。王安石的出马，救下了苏轼。至此，“乌台诗案”告终，苏轼保住了性命，贬谪到遥远的黄州担任团练副使。从这时起，苏轼与高官通途彻底绝缘。

山中顿悟

在中国文化史上，苏轼是一个独特的存在。他才冠天下，却命运多

舛，他原本有宰相之才，却不断遭遇挫折，流放路上一度一路三贬，还没到任已连降三级。对于任何一个人来说，这都是足以致命的打击，但偏偏苏轼不仅有顽强的生命力，能在不毛之地把生活过得有滋有味，还能在每一个被贬谪的地方，为百姓造福。他有阔达的胸怀，豁达的人生态度，旷达的情怀境界。

《题西林壁》这首诗，写在他从黄州赴汝州路上途经庐山时。从诗面来看，言语简单，叙述平实，深读则会发现有深刻道理蕴藏其中。庐山壮美，千变万化，站的角度不同，看到的山川景色也不尽相同。人为什么不能看尽庐山真实的样子呢？那是因为站在庐山腹地，身在其中，又如何分辨？

有人说，这是苏轼在以诗意的语言说明“立场决定认知”的道理，站在不同的立场看待相同的问题，出发点不同，答案也不同。也有人说，这是苏轼经历了“乌台诗案”和亲身体验了官场同僚无情迫害之后，终于明白，每个人都会站在自己的立场来做对自己有利的事，身在政治旋涡之中，没有人能独善其身。写下这首诗的苏轼，已经理解并原谅了那些迫害他的人，他们也不过是想保全自己的仕途前程罢了。这是苏轼在山中的顿悟。

数百年前写下《题西林壁》时，他也许已经知道，读到这首诗的后人会像他所预言的那样，因文化背景和视角的不同而对这首诗做不同的阐释。以他的个性，每一种解读，想必他都会欣然接受。

水调歌头·明月几时有

[宋]苏轼

丙辰中秋，欢饮达旦，大醉，作此篇，兼怀子由。

明月几时有？把酒问青天。
不知天上宫阙，今夕是何年。
我欲乘风归去，又恐琼楼玉宇，高处不胜寒。
起舞弄清影，何似在人间？

转朱阁，低绮户，照无眠。
不应有恨，何事长向别时圆？
人有悲欢离合，月有阴晴圆缺，此事古难全。
但愿人长久，千里共婵娟。

5

赠刘景文

［宋］苏轼

荷尽已无擎雨盖，
菊残犹有傲霜枝。
一年好景君须记，
正是①橙黄橘绿时。

挚友之情

苏轼生性豁达，好结交朋友。他的朋友中，既有贩夫走卒，也有佛门僧人；既有高官文士，也有与他一样仕途坎坷的同僚。可贵的是，他虽然不断遭遇非议、迫害、倾轧，遇见志同道合的同僚却依然倾心举荐，这是他的厚道，也是他的无私和仗义。

《赠刘景文》是苏轼在好友刘景文失意时写给他的慰勉诗。刘景文年长于苏轼，担任两浙兵马都监时，适逢苏轼任职杭州知州，两人一见

① 正是：一作“最是”。

如故，彼时刘景文已58岁。刘景文擅长作诗，正值政治稳定期的苏轼认为他有国士之才，上表举荐，刘景文因此擢升。遗憾的是，刘景文升职不足两年即去世，苏轼为此十分难过。

写作《赠刘景文》时，杭州已是初冬，江南的冬季并非如北方一般萧瑟，却也呈现出落木萧疏的景象。这首诗的独特之处在于，苏轼将残秋向冬季过渡时的荒凉化作蓬勃诗意，一扫大多数诗人在此时常流露的感伤。荷花落尽，阔大油绿如雨中巨伞般的荷叶已变为残荷，象征着秋季生机的菊花正在凋残。在前两句中，诗人客观描述了自然景观，随即话锋直转，残荷有情，落菊依然有傲霜之势。通常，人们认为一年中最美的季节在春夏，但是，谁又能说这暮秋时节没有凌厉的品格？这同样是一年中的好时节，橙黄橘绿，同样是令人难忘的好风景。苏轼擅长书写人生感悟，此时刘景文身体病弱、仕途无望，但苏轼认为，这正是刘景文阅历和见识最丰富的时刻，自有独特风范。从写实过渡到谈生命体验，并将这一切化作对友人的勉励，不着痕迹，浑然天成，这是苏轼的过人之处，也是他豪放的人生态度和对朋友怀有诚挚之情的真切体现。

美食之路

苏轼一生流徙，难得他是个志大、心大、万事都能自我开解的通透之人，因此，走到哪里都能安之若素，诚实率性地做自己，这样的心性使他总是能找到属于自己的快乐，也能收获朋友。

苏轼是美食家，和那些“会吃”的美食家不一样的是，他不仅“会吃”，还能发明出独属于他的美食，更能在一年四季大自然赐予的食材中发现美食文化。

苏轼的很多诗词不仅是文学精品，也可以当作充满生活意趣的“美食诗词”，他一生流迁的路线是沧桑生涯的表征，更是一条美食之路。

《惠崇春江晚景》是苏轼为朋友僧人惠崇所画的两幅《春江晚景》图所作：“竹外桃花三两枝，春江水暖鸭先知。蒌蒿满地芦芽短，正是河豚欲上时。”竹林之外隐约可见的桃花，春江之中戏水的鸭子，满地青葱的蒌蒿和刚冒出嫩芽的芦笋，这都是惠崇的画意。一派初春的盎然生趣，特别是“鸭知水暖”更极富创造力，让春的气息扑面而来。接着，诗人写到河豚。河豚只有在感知到春的信息时才会向上游，继而被捕获。河豚的出现，透露出苏轼对美食的向往。中国传统名菜“蒿笋河豚”正是由蒌蒿、芦笋加上河豚清蒸而成。这首诗轻快活泼，有着浓郁的生活味道，对于苏轼来说，春天又到了吃河豚的季节，这是何等口福。

苏轼与美食有不解之缘。在偏远的惠州，他照样快乐地吃。《惠州一绝》中写道：“罗浮山下四时春，卢橘杨梅次第新。日啖荔枝三百颗，不辞长作岭南人。”一年四季，从卢橘、杨梅到荔枝，鲜果不断，与享受生活相比，贬谪又算什么？

泰然之心

现代文学家林语堂这样评价苏轼："苏轼已死，他的名字只是一个记忆，但是他留给我们的，是他那心灵的喜悦，是他那思想的快乐，这才是万古不朽的。"一句话道出了苏轼的精神境界和生活哲学，他以泰然之心面对命运的拨弄，诚如他自己所说的"此心安处是吾乡"。这样的心态，让天涯羁旅有了情趣和人性的光芒。

由于"乌台诗案"，苏轼被贬谪到黄州，官职低微，生活窘迫，负责监管他的官员将一片荒地给予他，他竟像一名农夫一样亲自开垦，种出了一家人一年四季的口粮。这片坡地在他家的东面，他便从此自号"东坡居士"，后人正是因此将他称为"苏东坡"。东坡先生不仅亲自耕田、种粮，他还养猪。一代文豪，将自家的猪养得膘肥体壮，然后，他亲自下厨，以各种手法烹出鲜美肉食，又欣然命笔，写下流传至今的《猪肉颂》。

在频遭贬谪的一生中，苏轼最远抵达海南儋州，彼时他已年逾六旬。在儋州，一无所有的他自己种粮种果，自己制墨写字，自己采草药医病，甚至，他亲手为自己盖房子，命名为"槟榔庵"。在遥远的瘴疠之地，这个人，再一次活得有声有色。

在宋朝文学史上，苏轼是打不败的人，他的魅力不仅在于传世诗文，更在于笑傲人生的生活态度。

定风波·莫听穿林打叶声

[宋]苏轼

三月七日，沙湖道中遇雨。

雨具先去，同行皆狼狈，余独不觉。已而遂晴，故作此词。

莫听穿林打叶声，何妨吟啸且徐行。

竹杖芒鞋轻胜马，谁怕？一蓑烟雨任平生。

料峭春风吹酒醒，微冷，山头斜照却相迎。

回首向来萧瑟处，归去，也无风雨也无晴。

6

夏日绝句

［宋］李清照

生当作人杰，
死亦为鬼雄。
至今思项羽，
不肯过江东。

乱世才女

按照历史断代，中国宋朝分为北宋和南宋两个时期。从赵匡胤发动陈桥兵变，以黄袍加身登基成为宋太祖建立宋朝，截至1127年徽宗和钦宗两位皇帝被金国劫掳，这段历史时期称为北宋，徽、钦二帝被劫掳史称“靖康之变”。此后，赵构在南京应天府（今河南商丘）即位建立南宋，不久南迁。1276年，元朝铁骑攻破南宋都城临安（今浙江杭州）。1279年，元军与宋军在崖山发动大规模海战，宋军战败，南宋王朝完结。

李清照是横跨两宋的女词人。在她生活的时代，女性以文学创作赢得才名非常罕见。就像宋朝经历了从歌舞升平到山河破碎两个时期一样，李清照的一生也可以分为两段。前半段，她出身名门又嫁入名门，生活安逸富足，醉心于诗词创作，潜心于金石、文物的收藏和研究；后半段，随着北宋灭亡、朝廷南渡、父亲罹难、丈夫去世，她被迫离开故土，辗转在江南和山东老家一带，居无定所，愁肠百结。这样的人生际遇造就了她的作品中清晰的时代分野，前期作品多浪漫婉约，后期作品多悲伤愤懑。至今，提到“乱世才女”，人们首先想到的就是李清照。

李清照最主要的创作是词。宋词是宋代盛行的一种文学体裁，相对于自唐朝以来已经日渐规整的古体诗歌，宋词算是新诗，最主要的特点是长短句相结合，音韵流畅，适合演唱，因此，宋词又叫作“曲子词”。今天读到的宋词大多拥有特定的词牌，例如“蝶恋花”“如梦令”“临江仙”等，词牌为词人在创作前预先规定了格式和声律。

按照流派，宋词被后世学者分为婉约派和豪放派，这是根据内容来划分的。豪放派作品往往恢宏大气，不拘泥于格律，内容聚焦于时代剧变，写事多于写情，代表人物是苏轼；婉约派作品往往端丽细腻，用字工于精巧，格律声韵精致讲究，内容集中在生活中的儿女情长，写情多于写事，代表人物正是李清照。

霸王别姬

作为婉约派的代表性词人，李清照留下了很多脍炙人口的绝妙好词。写愁情，她创造性地使用“寻寻觅觅，冷冷清清，凄凄惨惨戚戚”这样

楚河
汉界

七叠连声的句式，前无古人，后无来者；写相思，她以“花自飘零水自流，一种相思，两处闲愁”将夫妻情义于轻描淡写中赋予深意；写寂寞，她凭一句“莫道不消魂，帘卷西风，人比黄花瘦”横空出世，令人拍案叫绝……难得的是，她不仅是一位写情的高手，更是一名爱国诗人，国破家亡之际，她不得不南渡避难，此时她写下的《夏日绝句》堪比男儿豪言。

李清照存世的词多于诗，《夏日绝句》是其诗中的翘楚。这首诗写在李清照举家南渡之时。当时，南宋朝廷面对金国入侵采取逃跑策略，北方百姓在金国铁蹄下备受煎熬，这样的历史背景决定了诗中充满悲愤。人活着要做人中豪杰，死后做鬼也要成为群鬼中的王者，就像曾经的西楚霸王项羽，宁为玉碎，不为瓦全。这首诗铿锵有力，气势汹涌，如果不看作者名字，很难想象出自女性之手笔。

在《夏日绝句》中，李清照巧妙而恰当地使用了项羽自刎乌江的典故。秦朝末年，群雄争霸，楚王项羽与汉王刘邦都有谋天下之心，双方数度对峙，最终在垓下决战。此时，楚军已经是强弩之末，汉军士气正强。在垓下的营帐中，项羽听闻四面楚歌，知道大势已去，与妻子虞姬作别，率领余部冲出重围，却被一名佯装引路的老者指引到乌江岸边。随行的人劝项羽过乌江求生以待日后东山再起，项羽认为自己兵败“无颜见江东父老”，在乌江边自尽。中国国粹京剧中有一出名剧叫作《霸王别姬》，讲的正是这段悲壮传奇。时至今日，尽管学者对历史人物项羽评价不一，但在古往今来的艺术作品中对于其英雄气节的赞美始终如一。

金石梦碎

人们历来以多才多艺评价李清照，她不仅是出色的词人，还是一名金石学者和文物鉴定专家。

李清照的丈夫赵明诚是一位金石学家，两人有着共同的志趣和爱好，他们婚后在生活上处处节俭，唯独对于藏书和文物购买从不吝啬。他们的藏书之巨、品种之多在当时的京师可谓首屈一指，他们千方百计甚至节衣缩食购买的传世珍品文物令时人叹为观止。赵明诚生前撰写的《金石录》至今仍是金石学家的必读之书。

然而，他们生逢乱世，国在山河破，覆巢之下，焉有完卵。在数次搬迁、逃亡、流徙过程中，李清照不得不将能携带的珍本藏书和珍贵文物减少又减少，而留在京师故宅的珍品被入侵的金国军队付之一炬。李清照历尽千辛万苦沿着宋高宗南渡的路线，渴望有一天能将亲自押运的部分珍品交给朝廷为后世保存下来，无奈这样的梦想在动荡的年代中注定要破碎，这些文化瑰宝则注定风流云散。作为中国文学史上最伟大的女词人，李清照完成的最后一件事是将赵明诚的《金石录》勘校完成。文物不再，唯有一书传世。

如梦令·昨夜雨疏风骤

［宋］李清照

昨夜雨疏风骤，浓睡不消残酒。
试问卷帘人，却道海棠依旧。
知否，知否？应是绿肥红瘦。

西江月·夜行黄沙道中

［宋］辛弃疾

明月别枝惊鹊，清风半夜鸣蝉。
稻花香里说丰年，
听取蛙声一片。
七八个星天外，两三点雨山前。
旧时茅店社林边，
路转溪桥忽见。

男儿心如铁

唐朝诗人李白被誉为“剑客诗人”，在他笔下，不仅有多首关于剑客的诗篇，更重要的是他自己也曾有过行侠仗义的经历。到了南宋，有一位文学家将李白的剑侠精神身体力行到极致，他曾披挂上阵带兵打仗，也曾纵马疾驰瞬间取叛徒首级，更以一部《稼轩长短句》将南宋诗词创作推向顶峰，他就是有“词中之龙”美名并与苏轼合称“苏辛”的辛弃疾。

辛弃疾是山东济南人，他出生时，金国已占领宋朝北方的大片国土。他的故乡位于金人占领区，他从小便目睹了金人对宋朝子民的压迫。面对破碎山河，他立志要学成文武艺，有朝一日横刀立马与金人对战，收复失去的国土，造福百姓。

尽管南宋小朝廷在江南苟且求生不思抵抗，但北方百姓却没有屈膝投降，而是不断揭竿而起组成抗金义军。饱读兵书且精于剑术的辛弃疾此时 21 岁，他组织了 2000 余人加入耿京领导的义军。最初，耿京并没有对这名年轻人另眼相看，只让他负责管理印信。与辛弃疾一起投军的和尚义端受不了从军之苦，悄悄偷走印信连夜投奔金军。听闻此事，辛弃疾只身追赶。义端眼见无路可逃，拼死反抗，辛弃疾从马上飞身跃起，一剑将义端的头颅斩下。当他带着印信和叛徒首级回到军营时，耿京再不敢小看这位有勇有谋的青年。

“我最怜君中宵舞，道‘男儿到死心如铁’。看试手，补天裂”是辛弃疾写下的豪言壮语，这正反映了他收复中原的壮志和以身报国的理想。

识尽愁滋味

“少年不识愁滋味，爱上层楼。爱上层楼，为赋新词强说愁。”辛弃疾这样回首自己的青少年时代，在同一首词中，他写到中年以后的感悟：“而今识尽愁滋味，欲说还休……”这首著名的《丑奴儿·书博山道中壁》概括了他大半生的沧桑沉浮。

由于在抗金义军中的突出表现，辛弃疾赢得了宋高宗的赏识，25 岁即开启仕宦生涯。然而，这一路并不顺利，他的祖父曾迫于无奈在金国朝中做官，对于南宋朝廷来说，辛弃疾算是“归正人”，这样的身份背景导致他一直遭到北宋遗老的排斥。他力主抗金，写下很多北伐的战策和谏言，而当朝的主和派对皇帝不断施加影响，主张偏安江南放弃北方，因此，他的进言颇受冷落。好在皇帝看重他的才能，不断委以地方官职。

从宋高宗治下直到宋孝宗即位，辛弃疾始终没有等到率兵北伐的机会，看透朝廷腐败的他渐渐产生了归隐田园的念头。他在任职江西时，选中了上饶的一片土地，建起了自己的庄园，命名为“稼轩”，这也是他的别号“稼轩先生”的来历。正如辛弃疾所料，“稼轩”建成不久，他便遭到弹劾并被罢官，从此，正值盛年的他过起了闲居生活。此后长达20余年间，除了有两次出任不同的地方官职且各不足两年之外，他始终是“乡野之人”。而此时，南宋朝中已少有人再提“北伐”“抗金”“收复中原”，曾经豪情万丈的诗人带着他的忧国忧民之心，壮志难酬。

谪居归田园

辛弃疾传世的600余首词，题材非常广泛，他写政治，写哲理，写朋友之情、恋人之爱，写田园风光、民俗人情，写日常生活、读书心得……凡可以写入文章的内容、意象，都被他创造性地写进词中，这种题材领域的不断拓展，被认为是辛弃疾为推动宋词发展做出的卓越贡献。在他的作品中，壮怀激烈的爱国诗篇是很重要的一部分，与之几近同样比重的内容，则是对田园生活的深情书写。

《西江月·夜行黄沙道中》这首词写在辛弃疾谪居上饶期间。黄沙岭在上饶县城西 20 千米，谷深水阔，风景优美，物产丰饶，闲居的辛弃疾经常到此游览。

熟悉稼轩词的读者常常会惊叹于辛弃疾的博学，他喜欢且非常擅长用典，他的名作《永遇乐·京口北固亭怀古》最能体现他使用历史典故的精妙贴切和信手拈来，然而，在《西江月·夜行黄沙道中》这首词中，他完全以“跟着感觉走”的方式将所见所闻娓娓道来，一个典故都不曾出现，且文字极为浅白。这是诗人在夏夜向着家的方向漫步时的即情即景，一路行来，清风、明月、鹊啼、蝉鸣，好不热闹，隐隐可以闻见的稻花香，让人不由得为又一个丰收年的到来感到开心。诗人信步徐行，宁静夏夜只有稀疏的几颗星斗和蒙蒙细雨相伴，走着走着，忽然看到在前路的转弯处正是那家熟悉的茅屋小店。这时，读者可以想象，诗人一定是怀着喜悦进店歇脚，说不定还会饮上几杯呢。

辛弃疾描写乡村日常的词大多透着优美和清纯，然而，在后世的研究者中，总有人会结合他的经历从这些恬淡的词中读出无奈，壮士有志不能报国，不寄情山水田园又当如何？

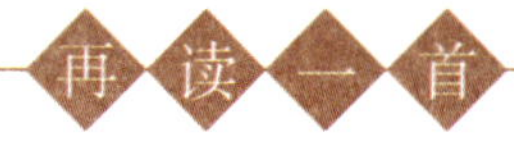

南乡子·登京口北固亭有怀

[宋]辛弃疾

何处望神州？满眼风光北固楼。
千古兴亡多少事？
悠悠。不尽长江滚滚流。

年少万兜鍪，坐断东南战未休。
天下英雄谁敌手？
曹刘。生子当如孙仲谋。

8

清平乐·村居

［宋］辛弃疾

茅檐低小，溪上青青草。
醉里吴音相媚好，
白发谁家翁媪？
大儿锄豆溪东，
中儿正织鸡笼。
最喜小儿亡赖，
溪头卧剥莲蓬。

乡野磨性情

对于才思敏捷且眼界宽阔的写作者来说，越是复杂的主题越具有诱惑力，这类题材有机会让写作者尽情展示才华和学问。相反，越是简单的意象和日常生活场景，越是考验写作者的观察能力和文字驾驭能力，这就是文学写作领域所谓的“化简为繁易，化繁为简难”。

辛弃疾是化繁为简的高手，这与他的个人修为有密切关系。罢官谪居期间，他牵挂着北伐抗金、收复中原，这份理想和志向折磨着他，同时，朝廷苟安的现实又逼迫他将平凡日子过下去，他甚至不得不想到，也许最终注定要以“乡野之人”的身份辞世。不世之才最怕怀才不遇，辛弃疾正是这样一位“生不逢时”的真英雄。然而，辛弃疾毕竟博学多识，他将学问化作乐享生活、发现生活之美的舟楫，在平淡而又平和的日常生活中，精心经营着可以寄意抒怀的诗词王国。

《清平乐·村居》是辛弃疾谪居上饶时的作品。这首词以白描手法展示了居住在农村过着安逸生活的一家人饶有趣味的日常生活图景。词中第一句就告诉读者，这是一个江西农村依水而居的寻常人家，青草、小溪、低矮的茅屋，一派田园景象，这一句是远景，也是对大环境的概括。随后，诗人将目光聚焦在一对老夫妇身上，远远地传来老夫妻你一句、我一句逗趣闲谈的语声，原本宁静的溪边草地，因为这些富有人间烟火气的闲言碎语，顿时生动起来。词的下片将整个意境打开，仿佛摄影机开始慢摇追拍每一名出场的人物：你看，大儿子在溪水东边锄豆秧，二儿子在不远处编织鸡笼，镜头缓缓摇动，最终在溪头草丛处定格，原来最可爱的小儿子正横卧着剥食刚摘下来的莲蓬。

辛弃疾创作了很多类似这样绘声绘色地对乡村田园生活进行书写的诗词，透过这些诗词可以隐约看到，他是如何磨炼性情让躁动的灵魂得以安静下来。

可怜白发生

辛弃疾上马能武，下马能文，其文字中蕴含的磅礴之势正如他胸中的复国壮志，在他的诗词中，出现最多的感喟和豪言都与报国理想密切相关。

命运终于眷顾到这个从来不曾忘记初心的人，宋宁宗嘉泰三年（1203年），64岁的辛弃疾等来了朝廷决心抗金的消息。力主抗金复国的权臣韩侂胄立意复国却无人挂帅，他想到了已经步入晚年的老臣辛弃疾。于是，辛弃疾又被起用，先后任职绍兴知府、镇江知府，这位老当益壮的爱国忠臣面见皇帝，共商抗金大计。然而，此后他的命运又一次急转直下，就在他认定自己将马踏中原实现岳飞当年不曾实现的抗金理想时，朝中的主和派再次对主战派发起进攻，辛弃疾被弹劾下野，抗金计划功亏一篑。

南宋朝廷中关于是战还是和的斗争始终没有间断过。四年后，宋宁宗急召辛弃疾到杭州赴任，再提抗金复国。而此时，这位将收复中原当作毕生理想的68岁老英雄已经病卧在床，不久即黯然辞世。他曾在词中写道“了却君王天下事，赢得生前身后名”，令读者意外的是，在这豪阔言辞的后面还紧紧追着一句“可怜白发生”，冥冥之中，这样的转折也预示着他抱恨、抱憾的一生。

何处望神州

在今天江苏省镇江市的北固山上，有一座楼阁名为“北固楼”。北固楼雄踞北固山，紧邻长江，面向中原，这里山势险峻，易守难攻，素有“天下第一江山”的称号。北固山和北固楼是今天游客到镇江的必游之处，这里记录着辛弃疾与镇江的不解之缘。

闲居多年的辛弃疾受命到镇江任职，为抗金做准备，这个消息令他极为振奋。他曾两次登上北固山，站在北固楼上北望中原，踌躇满志，感慨万千。正是在北固楼上，他先后写下了两篇脍炙人口的代表作——《永遇乐·京口北固亭怀古》和《南乡子·登京口北固亭有怀》。

在辛弃疾的这两首词中，出现了多名在中国历史上建功立业、征战杀伐的英雄人物——为了国家安危于暮年披挂上阵的老将廉颇，远征匈奴杀敌七万余的少年英雄霍去病，雄踞东吴与曹操、刘备三分天下的孙权……这些人物相继登场，辛弃疾借着讲他们的故事抒发自己壮心不已的激情。在《南乡子·登京口北固亭有怀》中，诗人以“何处望神州？满眼风光北固楼”起笔，颇有深意。彼时，南宋与金国以淮河为界，如果想看到淮河以北广大的中原土地，只能站在北固楼上遥望，而那曾经属于宋朝子民的家园如今早已沦落异族之手，不再是“神州”的一部分。同在这首词中，诗人以“千古兴亡多少事？悠悠。不尽长江滚滚流”落笔，写出发自内心的慨叹，这奔流的长江才是神州兴替与灭亡的见证。

史载，辛弃疾去世时说的最后一句话是：“杀贼。”至此，他心中不再眺望神州，而重返故乡的梦想终究化为一场空。

永遇乐·京口北固亭怀古

［宋］辛弃疾

千古江山，英雄无觅孙仲谋处。
舞榭歌台，风流总被雨打风吹去。
斜阳草树，寻常巷陌，人道寄奴曾住。
想当年，金戈铁马，气吞万里如虎。

元嘉草草，封狼居胥，赢得仓皇北顾。
四十三年，望中犹记，烽火扬州路。
可堪回首，佛狸祠下，一片神鸦社鼓。
凭谁问：廉颇老矣，尚能饭否？

9 秋夜将晓出篱门迎凉有感·其二

[宋] 陆游

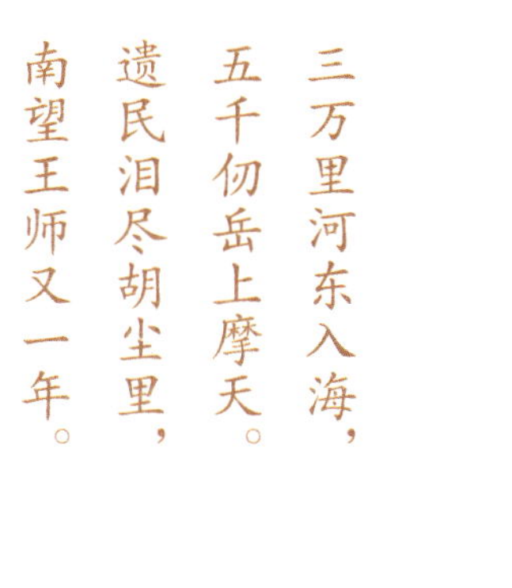

三万里河东入海，
五千仞岳上摩天。
遗民泪尽胡尘里，
南望王师又一年。

生逢乱世

陆游出生于北宋灭亡、南宋初建的历史转折时期。陆家世代为官宦，他的祖父曾是宰相文学家王安石的学生，官至尚书右丞，家境殷实，诗礼传家。如果是太平盛世，这样的家庭背景会为陆游带来安逸的生活，让他成为衣食无忧、只读圣贤书的饱学少年。然而，由于金国对宋朝的入侵，陆游不得不和家人一起追随偏居江南的南宋小朝廷逃难到南方，流寓生活成为他童年的阴影，也让他从小对家国动荡下的人世流离有了深刻感受。

面对金人入侵，南宋朝廷放弃了中原地区大片土地，偏安在临安。

朝廷中分成主战派和主和派两股势力，主和派始终占据上风。曾经陷害抗金英雄岳飞的宰相秦桧是主和派的代表，陆游出仕时，秦桧已权倾朝野。陆游参加科举考试获得第一名，秦桧的孙子排在他之后，这让秦桧非常生气，于是，在此后的考试中，秦桧命令不得录取陆游。因为“得罪”了秦太师，陆游的青年时代非常不顺利，直到秦桧去世后，他才有机会到朝廷任职。几经辗转，凭着才华和报国热情，陆游入职大理寺负责司法事项。

此时，中原战事频仍，金人烧杀抢掠，百姓流离失所，陆游是主战派中的一员，他的理想是投身战场，参与到收复失地、驱逐金人的战斗中。他数度献策，提议北伐，他的主张与主和派不惜以牺牲国土和百姓利益为代价坚持与金人议和的做法截然相反，招来了主和派的迫害，最终被罢免官职并遣返回乡。

值得一提的是，陆游这位诗词圣手，还是个军事战略专家，他曾有过近一年的军旅生涯。在大散关一带，他亲身参与到抗击金兵的战斗中，这样的经历让他成为一名坚定的爱国者，以至于他的一生都在为国家统一而奔走呼吁。

南宋王朝的不思进取注定使陆游的理想成为泡影，悲愤的诗人最终只能寄情于写作诗词、编修史书。陆游是一位笔耕不辍的勤奋诗人，他曾说自己“六十年间万首诗”，其现今存世的诗歌达到9300余首，在宋朝诗歌史上独树一帜。

志在北伐

陆游的一生是他目睹大宋王朝山河破碎的一生，虽然身居江南，生活相对稳定，但是，每当想起被金人占领的广大中原地区生灵涂炭，想起中原百姓不得不在侵略者的铁蹄和暴政下生活，诗人的内心总是充满悲伤和愤怒。

写下《秋夜将晓出篱门迎凉有感》时，陆游已经68岁。被罢官后，陆游生活在绍兴，安逸的田园生活不能慰藉他心中对收复中原的渴望，秋夜的凉爽也不能让他安睡一夕。这首诗描写的是诗人夜不成眠，在黎明走出家门之时的感悟。

在这首诗中，诗人提到了黄河和华山，它们是广阔中原地区的自然地标，更重要的是，华山是秦朝最终入主中原、统一国家时的军事要地。诗人早年从军时曾亲自踏勘，在他为北伐献计献策时，也不止一次提到应该据此突破金人的防御，直捣中原。这首诗的前两句，看似在描写黄河的雄壮和华山的险峻，实则是诗人在强调自己的理想和战略。然而，朝廷无能，诗人垂暮，他内心清楚，即便有再好的战略，也注定难以实现。此时，诗人的心情就像沦陷中原的百姓一样，在侵略者的压迫下流尽了眼泪，年复一年地盼望着南宋军队能来解救他们。

陆游的这首诗，从豪阔到悲恸，转折极为流畅，因事及人，由景入心，读来愁肠百结。

绝笔示儿

晚年的陆游生活十分清贫，这位名满天下的诗人，这位不计得失拥有执着理想的爱国者，面对甘于国土一分两半而沉溺杭州奢靡生活的南宋朝廷，在国土不能光复、山河不能重整的遗憾与伤痛中一病不起。

《示儿》是陆游一生中写下的最后一首诗，也是他在生命最后一息留给儿孙的遗嘱，那时他年届 85 岁，而中原被金人统治已长达 83 年。此时的他知道大限已到，言语越发殷切、平实。诗人说道："我原本知道，一旦去世，人间的一切便与我无关，但令人遗憾的是我至死都没能看到国家统一。如果有一天中原得以收复，你们一定不要忘记在祭祀时告诉我这个好消息。"

在古往今来的文学作品中，以遗言、遗作的形式留下的文字并不少见，陆游的《示儿》则极为与众不同，他心心念念了一辈子的一件事，成为他去世前最大的憾事，而这件事是国之大事，而非区区家事，这是他的精神境界的终极体现。

示儿

[宋]陆游

死去元知万事空，
但悲不见九州同。
王师北定中原日，
家祭无忘告乃翁。

游山西村

［宋］陆游

莫笑农家腊酒浑，
丰年留客足鸡豚。
山重水复疑无路，
柳暗花明又一村。
箫鼓追随春社近，
衣冠简朴古风存。
从今若许闲乘月，
拄杖无时夜叩门。

沈园题壁

在浙江省绍兴市的沈园，有一面著名的诗壁，上面写着南宋诗词大家陆游的《钗头凤·红酥手》。

《钗头凤·红酥手》的背后，藏着陆游青年时代悲伤的爱情故事。陆游一生经历了两段婚姻，他的初恋和第一位夫人是表妹唐琬。陆游与唐琬奉母命成婚，彼时他还没有获得功名。唐琬出身名门，饱读诗书，颇有才华。夫妻二人琴瑟和谐，常常一起吟诗作画。久而久之，陆游的母亲认为儿子之所以对功名渐失兴趣，都是因为唐琬，渐渐对唐琬心生厌弃，加之唐琬嫁入陆家后迟迟没有生育，于是，陆游母亲以此为由将唐琬遣送回娘家，使一对恩爱夫妻被迫分离。不久，唐琬迫于父亲的压力改嫁他人，陆游也另外娶妻王氏。

尽管陆游在此后走上仕途并有了子嗣，但唐琬在他心中始终占有重要地位。多年后，到沈园赏花的陆游恰好遇见与丈夫同游的唐琬。唐琬设宴款待陆游，诉说离情，两人感慨旧情仍在却缘分已尽，分外悲伤。与唐琬分别后，陆游独自在沈园不忍离去，在墙壁上写下了这首《钗头凤·红酥手》：“红酥手，黄縢酒，满城春色宫墙柳。东风恶，欢情薄。一怀愁绪，几年离索。错、错、错。春如旧，人空瘦，泪痕红浥鲛绡透。桃花落，闲池阁。山盟虽在，锦书难托。莫、莫、莫！”

陆游的词中充满了遗憾和无可奈何。中国人以“山盟海誓”描述相爱的双方永不分离的誓言，然而，对于陆游和唐琬这一对被拆散的恋人来说，“山盟虽在，锦书难托”则是他们一生的情殇。

今天的绍兴沈园依然保留着这面诗壁，在陆游的《钗头凤·红酥手》之后，还有另一首词《钗头凤·世情薄》，传说是陆游离去后唐琬所作。才华出众的唐琬紧紧押着陆游原词的韵脚，写得感伤备至，凄美异常，其中“世情薄，人情恶”“人成各，今非昨”令人不忍卒读。

田园寄情

面对金国对南宋的不断掠夺和欺凌，南宋朝廷内部的主和派采取的是割地、赔款、退让的投降态度，陆游对此历来不满。他有过戎马经历，并且一生以收复中原、恢复大宋江山为理想，因此，总是遭到把持朝廷大权的主和派高官的弹劾，甚至一度被免职回乡。《游山西村》就写在他被罢官之后回到山阴老家时。

身在乱世，报国无门，陆游的心里是愤恨的，但作为一位激情诗人，他又总能对未来抱有希望，以此来安慰自己。在这样复杂的心情下，《游山西村》包含了游记和义理双重含义，其内涵也丰富、多层。诗人首先告诉读者，这是丰收之年的农家田园，前一年腊月酿的酒打开来待客正是好味道，家养的鸡和小猪也足够为客人准备一顿丰盛的农家美食。原来，诗人是去农人的家中赴宴。这时，跟随诗人的描述，仿佛看到他走在青山绿水间，山幽水长，似乎已经迷路，忽然，眼前一片花明柳暗的美景渐渐显现，原来正在庆祝丰收的小村庄已经到了。“山重水复疑无路，柳暗花明又一村”是流传至今的名句，不断被引申和引用到不同的语境中，用来表达万事万物彼此转换、消长的道理，而透过这一句，也能看到诗人内心的乐观以及对未来的信心。

在“柳暗花明又一村”之后，诗人写道：“箫鼓追随春社近，衣冠简朴古风存。从今若许闲乘月，拄杖无时夜叩门。”赋闲在乡间的诗人，被农家生活的闲适和丰足打动，心生喜爱，于是，俏皮地告诉主人家，只要你允许，日后我一定乘着月色经常到你家来。在陆游大量的忧愤之作中，《游山西村》是洋溢轻松气氛的一道清流。

托梅言志

中国的文学家、诗人们常常喜欢用一样事物来象征自己的品格和寄托自己的志向，陆游一生最爱梅花。梅花盛开在隆冬时节，此时所有的花都被严寒摧毁殆尽，天地间一片肃杀，唯有梅花顶风冒雪地盛开，给冰大雪地带来蓬勃生机。梅花坚贞不屈，傲视自然中的一切苦难，开得孤独而顽强。这是陆游追求的精神境界，也是他认为世人应该具有并且值得赞美的品格。

《卜算子·咏梅》是陆游留存的诗词中咏物词的代表作。他以孤绝的笔力，写出了梅花的傲骨："驿外断桥边，寂寞开无主。已是黄昏独自愁，更著风和雨。无意苦争春，一任群芳妒。零落成泥碾作尘，只有香如故。"

从词的上半段可以看到，城外断桥，惨淡黄昏，风雨如晦，独树花开。这一切，仿佛是诗人自己的境遇，心忧境困，孤立无援。在下半段，诗人从梅花的形象和所在的环境转而书写梅花的精神，这骄傲的花儿从不与百花争艳，从不在意招来妒恨，即便是凋零后化成了泥土，也仍然保持着固有的香芬。

陆游存世的诗篇中不止这一首写到梅花，但这一首被后人当作他生命的表白，他坚持了一辈子的不媚俗、不屈服以及对理想的忠诚，尽在其中。

十一月四日风雨大作·其二

[宋]陆游

僵卧孤村不自哀，
尚思为国戍轮台。
夜阑卧听风吹雨，
铁马冰河入梦来。

11

夏日田园杂兴·其七

［宋］范成大

昼出耘田夜绩麻，
村庄儿女各当家。
童孙未解供耕织，
也傍桑阴学种瓜。

励精图治

提到北宋的“靖康之变”，人们马上会想到金国对宋朝中原地区的占领和南宋小朝廷在江南的苟安。这一时期，励精图治、肯无私无畏为国家思虑和为百姓谋福利的官员凤毛麟角，在不思进取、热衷与金国议和的朝廷官员中，政绩卓越的范成大堪称“异类”。

范成大出身苏州的名门望族，童年聪慧，12 岁时已遍读经史，14 岁开始写诗作文，是远近闻名的才子。他的母亲蔡夫人是名列宋朝书法四大家之一的封疆大吏蔡襄的孙女，范成大随母亲学书法，深得蔡氏家传，为他日后在书法领域自成一家奠定了坚实的基础。

作为28岁中进士开启仕途的朝廷官员，范成大最初的政治生涯并不顺利——出仕不久便遭诬陷，被迫赋闲达10年之久，年过40岁才被起用。此时，宋高宗的养子即位成为南宋的第二任皇帝，史称宋孝宗。

范成大先后在广西、四川等多地任职地方官员，他对所辖地区的民生格外关注，每到一地都为百姓解决实际问题。在担任处州（今浙江丽水）知州期间，他发现由于劳役繁重、摊派不均，百姓苦不堪言，还经常为此发生诉讼。范成大广泛调研后推行了“义役法”，按照农户的经济条件分成不同等级，按户交钱共同购买义田，义田的收成则用来补助那些服劳役的家庭，家家户户轮流服役，轮流享受补助。这样既解决了劳役摊派不公的问题，也减少了诉讼。他的做法报到朝廷后，宋孝宗非常赞赏，立即在全国推广。

在范成大的为官生涯中，他每到一处，都深得百姓的尊敬和喜爱，人们争读他的诗歌，追捧他的墨宝，更敬仰他时刻将百姓疾苦挂在心头的品格。

不辱使命

范成大以诗文扬名，以书法传世，在南宋腐败的官场中是一名难得的清官，同时，他还是一名优秀的外交家和勇敢的汉族使臣，他一生中最为人传颂和赞美的政绩是“出使金国，不辱使命”。

南宋王朝建立后，对金国称臣，每年进贡岁币，签订了诸多屈辱的议和协定。宋高宗退位后，宋孝宗主政，发动了隆兴北伐却以失败告终，不得不与金国再度议和。此次隆兴议和的结果是南宋将大片土地割让给金国，并年年向金国进贡，金国皇帝与宋孝宗以叔侄相称。令宋孝宗感到不安的是，宋朝的祖陵在金国统治区域内，这对于一国之君来说无异于奇耻大辱。宋孝宗数次派出使臣祈求金国能归还祖陵所在的地区，每次的结果都是使臣受辱而归。

在宋孝宗无人可遣的情况下，范成大主动请缨出使金国，他不仅要“请回祖陵”，还要在隆兴议和的前提下，要求金国确认此后两国之间递交国书、互派使臣时应遵从的礼仪。

抵达金国后，范成大面见金世宗完颜雍，在异国朝堂上直陈利害，毫不在意周边金国将领对他的恐吓。他直言，既然金与南宋已经议和，今后绝没有南宋使臣再对金国国君行跪拜大礼的道理。在范成大回忆这段经历的诗文中可以看到，他在决定要请命出使时，早已将生死置之度外，而他的慷慨陈词不仅没有带来杀身之祸，反而赢得了对汉族文化有仰慕之心的金世宗的尊重和欣赏，认为范成大的忠义值得群臣学习。

范成大回国后，金世宗回复宋孝宗，允许宋朝南迁祖陵，同时送还宋徽宗的遗骨棺椁。此后，金国与南宋一直和平相处长达 40 年，各自发展。范成大保住了南宋王朝的尊严，令世人所敬重。

归田园居

在南宋历史上，宋孝宗在位时是政局相对稳定的时期，范成大深得皇帝欣赏，同时也深为同僚所嫉恨，当宋孝宗决定请范成大辅政时，各种谗言接踵而来。宋孝宗是一个缺乏主见的皇帝，面对弹劾奏章心存顾忌，只能对范成大暂时不做任命。范成大看清了宋孝宗的首鼠两端，连续五次抱病辞官，宋孝宗认为范成大去意已决，只得同意他回到石湖老家颐养天年。

晚年的范成大隐居石湖，自号“石湖居士”，写下了著名的组诗《四时田园杂兴》。这组田园诗按照春日、晚春、夏日、秋日、冬日分为五个部分，每部分各 12 首，共 60 首。透过这些诗篇，可以看到江南农家的辛劳生活和江南田园四季的风情物候。

“昼出耘田夜绩麻”是“夏日”部分中的一首，这首诗写出了江南务农百姓日夜辛苦、全家一起劳动的场景，男男女女都是没日没夜地劳作，就连尚未懂得耕织艰难的孩子，也在跟着大人学习点豆种瓜。深谙民间生计之苦的范成大以这样一首诗表达了对百姓的悲悯。

《四时田园杂兴》中的内容可谓包罗万象，既有表现百姓生活的现实主义作品，也有很多抒发诗人对故乡风物无限热爱之情的美好诗篇。在后人的评价中，范成大被认为是中国继陶渊明之后写作田园诗的集大成者。

夏日田园杂兴·其一

[宋]范成大

梅子金黄杏子肥，
麦花雪白菜花稀。
日长篱落无人过，
惟有蜻蜓蛱蝶飞。

12

晓出净慈寺送林子方·其二

［宋］杨万里

毕竟西湖六月中，
风光不与四时同。
接天莲叶无穷碧，
映日荷花别样红。

乡村教师的儿子

在南宋诗坛，能自成一家并以自己的名字命名一种诗歌风格和体例的人，唯有诗人、政治家杨万里。杨万里别号“诚斋先生”，他为官时期正值宋光宗主政，皇帝亲笔为他题写了“诚斋”二字，因此，杨万里的诗歌被称为“诚斋体”。诚斋体的特点是诗人把主观情感最大限度地投射在客观事物上，不使用生僻字句，强调口语化写作。

杨万里一生作诗两万余首，传世作品 4200 多首，他的作品清新质朴，生活气息浓郁，平易近人的文字表达是他的文学追求。

和很多出身富贵豪门的诗人不同，杨万里出身贫寒，他的父亲科举不顺，满腹才学却只能做一名收入菲薄的乡村塾师，连养家都有困难。在杨万里回忆童年和少年生活的文字中，有多处关于幼时食不果腹、居无定所的描述。值得庆幸的是，杨家虽然生计艰难，却非常重视子女的教育，家境清寒仍有丰富的藏书。身为塾师的父亲为他开蒙，带他阅读典籍、学习书法和诗文，希望他为杨家带来转机。

“寒门出贵子”在杨万里身上得到了最好的体现，他少年立志，即便忍饥挨饿也从不怠慢学习。背负着家庭的厚望，他比一般的少年更加勤奋，终于在27岁那年进士及第，凭着才学文章赢得了当朝皇帝的欣赏，走上仕途，一展青云之志。

忧国名士的浮沉

初入仕途的杨万里非常顺利，从小小县官做起，励精图治，不断升迁。他广求名师，在赣州担任司户时，恰好遇到谪居的主战派名臣张浚，并拜其为师。张浚欣赏杨万里的一身正气和满腹文章，对他耳提面命，鼓励他“诚意做人”“立信为官”。杨万里秉承师训，将自己的书房命名为“诚斋”。

杨万里仕宦生涯的前半段可谓一帆风顺，先后在地方主管茶盐、刑狱等重要事务，直至做到吏部员外郎。一路顺遂的官宦生涯让杨万里春风得意，也让他的爱国热情不断被点燃。这期间，他曾上书皇帝一份《淳熙荐士录》，向朝廷推荐了60多位人才，理学家朱熹就是其中一位。他还利用自己能面见皇帝的机会，多次对时政问题提出直言不讳的批评和建议。当皇帝决心为太子选择侍读官时，杨万里顺理成章地成为最佳人选。对太子的教读，杨万里尽心尽责，他精心为太子讲述前朝的历史沿革，为其剖析其中的治乱得失，也就眼前的时事政治分析其中的演变与发展。在为太子进行辅读的过程中，杨万里与太子之间也建立起相互信任的密切关系，两个人互相尊重，相互切磋。当时，人们无不认为由杨万里担任这个侍读官是朝廷用人最为得当的范例。

然而，杨万里在得到皇帝宠信的同时，也遭到了同僚的嫉恨。他本人又是一名知无不言、言无不尽的忠诚臣子，常常因为直言进谏而得罪皇帝，渐渐地，皇帝对他不再言听计从。由于在祀奉祖庙的问题上与皇帝有分歧，杨万里最终遭到贬谪，此后一贬再贬，直至仕途黯淡。当他因与当朝宰相不和被赶回赣州做知州时，他坚决地辞官返乡，回归书房，成为名副其实的“诚斋先生”，彻底告别了宦海浮沉。

仗义惜别的挚友

《晓出净慈寺送林子方·其二》是杨万里的名作，体现着“诚斋体”独有的特色。诗人开篇即点明西湖最美的时节是盛夏，这时正是莲花盛开最为繁盛的时候。那连绵成片覆盖了整个湖面的荷叶一碧数里，望不到尽头的绿色仿佛延续到天边，而荷花在阳光的照耀下格外娇艳。

这首诗文字简单，一气呵成。中国诗歌历经唐宋，其中描写西湖

风光的诗歌不胜枚举，不乏诸多大师珠玉在前，但杨万里秉承着“弱水三千，只取一瓢饮”的理念，唯独选中莲叶和荷花加以描写，“接天”与“映日”、“无穷碧”与“别样红”的对仗天衣无缝，处处可见匠心。

在这首诗背后，有一个关于友谊的故事。林子方是杨万里的部下，也是他的好友，杨万里担任太子侍读官时，林子方外放福州。杨万里舍不得友人离去，同时也感觉到这次外放不是给林子方升职而是将他驱赶出南宋政治核心，朋友从此注定仕途曲折。深知官场人心险恶的杨万里怀着复杂的心事无法直白地对朋友表达，他只能用写诗这样的“曲笔”来表达不舍和叮嘱，拳拳挚友之情，尽在其中。

同样写荷花，与《晓出净慈寺送林子方·其二》的深意婉转相比，《小池》则简单、活泼得多。“泉眼无声惜细流，树阴照水爱晴柔。小荷才露尖尖角，早有蜻蜓立上头。”短短四句，小巧精致，宛如一幅花草虫鸟彩墨画。在诗人构建的画面中，池、泉、树、荷和蜻蜓，着笔虽小，玲珑剔透，生机盎然，让读者看到“退休政治家”杨万里内心细腻、单纯的一面。

闲居初夏午睡起·其一

[宋]杨万里

梅子留酸软齿牙，
芭蕉分绿与窗纱。
日长睡起无情思，
闲看儿童捉柳花。

宿新市徐公店

[宋] 杨万里

篱落疏疏一径深，
树头新绿未成阴。
儿童急走追黄蝶，
飞入菜花无处寻。

别有情致

作为政治家的杨万里在仕宦生涯中有很多可圈可点的卓越政绩，他在担任地方官职时深受百姓喜爱，在朝廷中枢做官时也是兢兢业业、克勤克俭。他是爱国者，身处南宋，面对国家山河破碎痛心疾首，写下了许多壮怀激烈、忧国忧民的感人诗篇。

作为卓有建树的诗人，他在诗歌创作方面殚精竭虑，勤勉过人。更难得的是，这样一位经历过宦海浮沉的沧桑文人，在许多诗歌中仍保留着纯真趣味和对生活的热爱，《宿新市徐公店》就是这样一首充满生活气息的可爱诗篇。

这首诗写在杨万里到异地赴任的途中，所谓新市，其实是他之前从未到达过的一个小村庄。据考，此地在今湖南省攸县北部。“诗中有画”是杨万里创作的突出特点，他擅长采集百姓生活中的鲜活场景和平凡意象，赋予其独到的神韵。在这首诗中，诗人首先描绘了静态画面，稀稀疏疏的篱笆掩映着一条不知通向何方的幽深小路，曲曲折折，引人遐想，两侧的树木还没有长成浓荫。这一句暗中提示了时间，树木尚未成荫，一定是春夏之交。接着，一个孩子突然闯进来，让整首诗洋溢起动感。这个孩子紧追着蝴蝶奔跑，冲进一片菜花之中，人与蝶瞬间不见了踪影。这种极富表现力的描写，为读者呈现出一幅乡村生活的生动画面。

杨万里熟悉乡村生活，在他回归故里后，闲逸的文人情致渐渐浓郁起来。他热爱田园生活，善于观察，精于表达，留下了许多妙趣横生的诗歌，堪与《宿新市徐公店》媲美的作品是《舟过安仁》。

《舟过安仁》也是诗人截取的一个有趣的生活片段：“一叶渔船两小童，收篙停棹坐船中。怪生无雨都张伞，不是遮头是使风。”透过诗人朴素的文字，读者仿佛看到小渔船上将雨伞撑开当作风帆的孩子，他们既聪明又天真。

志同道合

杨万里喜欢结交朋友，无论在哪里任职，总不忘与当地的文人雅士切磋学问，而他的人品和文章总能为他赢得友情。

在杨万里的诸多好友中，最名满天下的是与他同时代的诗人陆游。杨万里任职杭州时，写下了许多赞美西湖和杭州景色的诗文，听闻仰慕的诗人陆游将要到杭州，他当然不能放过这个结识同道的机会。

和陆游一样，杨万里也对金国侵占宋朝国土、残害宋朝子民充满愤恨。曾经，杨万里被朝廷指派接待金国来访的使臣，他目睹过中原大地的生灵涂炭，也曾亲见了金国使者对南宋官员的颐指气使，写下过许多表达愤懑的诗歌。他深深理解陆游的忧国之心，也敬佩陆游性格中的刚强不屈。一对志同道合的诗歌大家在西湖边一见如故，他们携手同游，写诗酬唱，彼此引为知音。直到晚年，杨万里与陆游一直保持着书信往来，他们的友情持续了大半生，遗憾的是，作为渴望国家统一的爱国文人，他们谁也没能等到南宋收复中原的日子。

在杨万里仰慕的前辈中，唐朝思想家韩愈占据着重要地位。他曾亲自拜谒韩愈被贬潮州时居住过的地方，在他心中，直言上谏、一心报国的韩愈是他在道德文章上的楷模。

名节清廉

出身寒门而平步青云的人，往往会格外珍惜自己的前程，这样的人更容易妥协，也更善于自我保护，但杨万里正相反，他在指摘时弊时从来不留余地，刚正不阿，无所顾忌。对于千辛万苦求得的功名，他并不特别珍惜，反而随时做好了尽弃的准备。

杨万里在杭州做官时，家里藏着一个箱子，他叮嘱家人，只有得到他的指令时才可以打开。实际上，那是他悄悄为自己准备好的一笔回家的盘缠，他想的是，自己一旦因为遇事敢言的“毒舌”而遭到弹劾，马上就可以踏上回乡路。在南宋时期，虽然北方不平静，但江南还是颇为富庶，杨万里官职高，在杭州也有像样的官邸。但是，他反复叮嘱家人，除了生活必需品，不许置办“无用之物”，为的是有朝一日被赶回老家时不至于行李太多，徒增累赘。他几乎是做好了一切准备，随时可以放弃官职。也正因为这种“日日若促装”的状态决定了他心无挂碍，绝不将个人得失放在首位，而只是秉持着一颗忠诚的爱国之心，事事为国家考量。

南宋小朝廷偏安江南时，朝中官员不仅结党营私，更是将贪污腐化发展到极致，为官一任常能富甲一方。杨万里与这些人形成了鲜明的对照，他为官清正廉洁，从不骚扰百姓，更不贪图钱物。在担任江东转运副使任期届满时，他将个人结余的上万银钱全部留在官库，没有带走一文。当他退休返回故里，只有自家的一处老宅，遮蔽风雨足矣，谈不上任何舒适享受。他就在这老屋之中写下了至今脍炙人口的诸多诗篇，安贫乐道地度过了晚年。

初入淮河四绝句·其三

[宋]杨万里

两岸舟船各背驰，
波浪交涉亦难为。
只余鸥鹭无拘管，
北去南来自在飞。

春日

[宋]朱熹

胜日寻芳泗水滨，
无边光景一时新。
等闲识得东风面，
万紫千红总是春。

理学大师

因为宋朝先后分为北宋和南宋，人们习惯把整个宋朝称为“两宋”。两宋时期，诞生了一门以儒学为基础的哲学流派，叫作“理学”。程颢、程颐两兄弟创建理学并为之奠基，并称“二程”。南宋朱熹是“二程”的第四代弟子，系出名门，他一生致力于推动理学的发展，完善其学术体系，后世学者将他与“二程”并列，至今以“程朱理学”作为这一学派的代称。

南宋思想家、文学家、教育家、诗人朱熹是著名的理学大师，由于他是儒学的集大成者，后世按照对待先秦诸子百家的尊称，称他为“朱子”。

对于不世出的伟大人物，人们喜欢将其“神化”。朱熹出生在福建，当地人说他是“天赐异人”，至今仍津津乐道于他出生时右眼眼角处状如北斗的七颗黑痣。不过，朱熹在童年和少年时代的确表现出博闻强记、聪明早慧、与众不同，19岁便高中进士，早早踏入仕途。

不同的选择造就不同的人生走向，以朱熹的才高八斗，如果安心做官势必有所作为，然而，平步青云不是他的追求，他更乐于从事学术研究和民间教育，像他崇拜的孔子那样开办书院、开启民智、开坛授徒是他毕生的理想。

朱熹做官的经历十分短暂。南宋朝廷偏安江南，而朱熹坚决主张抗金。他曾数次上书皇帝，痛陈金国对中原的荼毒，力主北伐，并献计献策。当时的皇帝宋孝宗虽然听从主和派的主张没有采纳朱熹的建议，却任命他为国子监武学博士，他当场拒绝，从此踏上著书立说、教化学生的学者和师者之路。

朱熹一生著述丰富，现存著作有25种，600余卷，总字数在2000万字左右。他的《论语集注》《孟子集注》《四书章句集注》《楚辞集注》等著作，至今仍是研究中国儒家文化的必读经典。

孔门寻芳

作为理学家，朱熹的理论著述并非通俗读物，但作为文学家和诗人，朱熹创作的诗歌真正做到了雅俗共赏，读诗的人可以从中读出单纯的美

好，追究深意的人则可以从中读出精妙的典故和深刻的哲理。《春日》正是这样一首可以满足不同读者趣味的七言绝句。

仅从诗的表面来看，这是一首在阳春季节出游赏春的信笔之作。春光灿烂的日子，诗人信步泗水之滨，一派春天的胜景令人耳目一新、心头欢喜。春的气息是那样无可阻挡地扑面而来，万紫千红，繁花似锦，正是春天最美的面貌。从这首诗中可以看出朱熹胸怀开阔，写春天不拘泥于一草一木、一花一树，而是从大处着眼，仅凭“无边光景”和“万紫千红”已让春的繁盛和春的生机跃然纸上。

好的诗歌从来都不止一层浅显意境，层层剥笋才显出阅读的意趣。结合当时的历史背景研读这首诗便会发现，泗水之滨在金国统治区，与南宋朝廷一起偏安江南的朱熹根本不可能到那里去赏春，而早在春秋时期，孔子曾在泗水之滨开坛讲学，学者们历来将“泗水”指代孔门。了解了这一暗指，读者对《春日》便有了崭新的解读。原来，一生致力于复兴儒学、张扬理学旗帜的朱熹是在以含蓄的方式表达自己对孔子的仰慕和追寻：寻踪孔门，深得圣人著述的要义，孔子的学说如春风化雨、万紫千红。这才是朱熹虚构了一场赏春之旅所要表达的思想，是对至圣先师孔子的巧妙致敬。

寓教于诗

优秀的理论家总是能将深奥、复杂的理论以平实通俗的方式来阐述，优秀的论理文章也总是能深入浅出地将一个道理讲述得明白晓畅。在这方面，朱熹堪称绝世高手，他以短短 28 个字的七言绝句，别开生面地阐述了“只有不断接受新生事物才能保持思想活跃和与时俱进”的道理。这首诗就是著名的《观书有感二首》中的第一首：“半亩方塘一鉴开，天光云影共徘徊。问渠那得清如许？为有源头活水来。”

朱熹离开仕途之后，为了躲避朝廷中的人事纷扰，在福建的南溪、武夷等地著书授课。他一手创办的南溪精舍中有一方方正正的池塘，人称“半亩方塘”。这首诗起笔便从半亩方塘入手。池塘清明如一面镜子，天空的光芒和白云的影子映在池水中，仿佛与观望池塘的人的影子携手徘徊。到这里，诗人写完了眼前的景致，随后，诗人转入自问自答：为什么这半亩塘会这样清澈呢？那是因为不断有新鲜干净的活水注入其中。

这首诗与《春日》异曲同工，只看诗面，是一首绝妙的描写小景致引发联想的小品，但究其深意，朱熹却是在陈述自己对读书、学习、生活实践与思考的深刻理解——半亩塘好似一个人固有的认知，那源头的活水便是源源不断被吸纳的新知识和被接纳的新事物。

数百年来，这首诗的后两句不断被引用、借鉴。难怪朱熹被认为是孔子之后中国教育家的又一典范，他的寓教于诗堪称精妙绝伦。

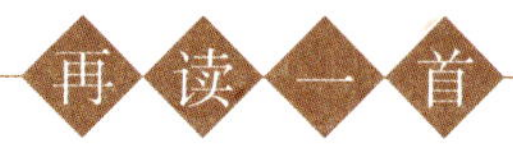

观书有感二首·其二

[宋]朱熹

昨夜江边春水生，
艨艟巨舰一毛轻。
向来枉费推移力，
此日中流自在行。

15

题临安邸

［宋］林升

山外青山楼外楼，
西湖歌舞几时休？
暖风熏得游人醉，
直把杭州作汴州。

靖康之耻

“靖康之变”是中国历史上的著名事件，它彻底终结了北宋王朝，开启了南宋以江南为中心的统治。

北宋徽宗在位时期，由女真人建立的金国雄踞北方，先联合北宋灭掉辽国，随后背弃盟约进攻北宋。宋徽宗重用奸臣，听信佞言，以割地、进贡为条件与金国议和，但金国的目的是将北宋国土据为己有，数次发起进攻中原的战争。懦弱的宋徽宗一心南逃，危难之中宣布退位，立太子赵桓为宋钦宗，年号“靖康”。

宋军节节败退，金军轻而易举渡过黄河，直逼宋朝国都开封。钦宗派出使节议和，但一切退让都不能阻止金国对北宋江山的图谋，金军一边议和，一边进攻开封。金军将宋朝派出的使臣康王赵构作为人质，提出许多无理要求，钦宗一一答应，才换回赵构，使金军暂时撤出开封。此时，北宋国力衰退，朝中主战派与主和派斗争激烈，军心涣散，军队几乎没有迎战能力。金国见宋朝接纳了诸多屈辱条款，于是更加渴望从根本上消灭北宋。此后，金军发起第二次对开封的进攻，与此同时，北方战火连绵，中原地区无不在金军铁蹄之下，生灵涂炭。这一次，金军长驱直入，顺利占领开封，徽宗、钦宗和包括宗室、女眷在内的3000余人全部被俘虏到金国，两位皇帝和诸多臣子被迫对金国俯首称臣。金国从北宋劫掠了大量金银财宝，同时霸占了广阔的中原土地。

中原沦陷，皇帝被俘，宋朝百姓将这一场浩劫称为“靖康之耻”。抗金英雄岳飞在他的《满江红》中写的“靖康耻，犹未雪；臣子恨，何时灭”，指的就是这一历史事件。

宋城歌哭

遭遇“靖康之耻”后，康王赵构率领众臣子南渡，建立南宋王朝，登基成为宋高宗。此时，宋朝国土分裂为两部分，中原地区在金国的统治下，行金国律法，宋朝百姓被金人压迫奴役，而南宋王朝则兴建起“南宫北市”的新都城，过起了偏安的日子。在今天的杭州市临安区，还有一部分南宋都城的遗址。

杭州是一个美丽富庶的地方，也是一个让人沉醉山水、爱上闲逸生活的地方。南渡后的南宋朝廷在这里重新过起了当年在开封时骄奢安逸的生活，早已把深陷苦难的中原百姓忘在脑后。宋高宗赵构并不支持抗金，但是，碍于百姓的呼声和朝廷中主战派的强硬，不得不做出抗金的姿态。当时，力主抗金的著名将领是岳飞，他率领着岳家军节节获胜，官兵一心要直捣黄龙府，收复中原，迎二帝归京。但是，岳家军的强大和岳飞的威望让高宗越来越忌惮，最终，他默许宰相秦桧将岳飞杀害在风波亭。至今，杭州西湖畔仍有纪念岳飞的岳王庙。

伴随着岳飞被杀害，加之目睹南宋小朝廷在江南的纸醉金迷，百姓越来越失望，也越来越愤怒。

山河之异

每一个时代的诗歌文章都与时代的发展进程紧密相连，读书在很大程度上也是阅读一个特定时代的社会和文化风尚，因此，在阅读之前，对一个时代的基本状况的了解可以帮助读者认识诗文本身。

了解了北宋与南宋交替时期的历史背景，再读南宋诗人林升的这首《题临安邸》，便会对诗人的情绪和感叹有更深的理解。

宋朝诗歌史对林升的生平并没有太多记载，然而，仅凭这首诗，便可以大致知道，林升绝对是对南宋小朝廷的苟且偷安极为不满的人。《题临安邸》原本是写在临安城中一座客舍墙壁上的题壁诗，人们在这首诗

杭州

的最后发现了诗人写下的名字，才得以确定这首诗的作者究竟是谁。诗的第一句概括性地描述了临安的山水楼台，重山叠翠，楼台次第，西湖画舫上的轻歌艳舞无尽无休。江南的暖风让“游人”如醉如痴，恍惚间简直把偏安的杭州当作了宋朝那个曾经歌舞升平的都城开封。从这短短的四句，不难看出诗人的心中充满着怨愤，诗人是在以曲折的讽刺笔调批判那些忘记了国破家亡之耻、只贪恋眼前享乐的达官贵人。

对于众多诗人来说，“国破山河在”与“骨肉分两地”是心中的伤痛，很多诗人都曾以诗文表达心中的不满。与林升的《题临安邸》齐名的是文学家、诗人曾几的《寓居吴兴》：“相对真成泣楚囚，遂无末策到神州。但知绕树如飞鹊，不解营巢似拙鸠。江北江南犹断绝，秋风秋雨敢淹留。低回又作荆州梦，落日孤云始欲愁。”在这首诗中，诗人将南渡的中原人比作晋朝避乱到楚地的流离失所之人，比作失去巢穴只能绕树悲鸣的鸟雀。江南江北音书隔绝、亲人离散，社稷还属宋朝，山河国土却与和平年代大不相同，这一份“凄凉满眼对江山”的感慨，唯有亲身经历者才能体会。

满江红·怒发冲冠

[宋]岳飞

怒发冲冠，凭栏处、潇潇雨歇。
抬望眼，仰天长啸，壮怀激烈。
三十功名尘与土，八千里路云和月。
莫等闲、白了少年头，空悲切！

靖康耻，犹未雪。
臣子恨，何时灭！
驾长车，踏破贺兰山缺。
壮志饥餐胡虏肉，笑谈渴饮匈奴血。
待从头、收拾旧山河，朝天阙。

16

夜书所见

［宋］叶绍翁

萧萧梧叶送寒声，
江上秋风动客情。
知有儿童挑促织，
夜深篱落一灯明。

江湖羁旅

南宋时期，中国诞生了一个小有名气的诗歌派别，叫作“江湖诗派”。所谓江湖，是中国文人对豪杰并起、卧虎藏龙的民间具有诗意的叫法。在这个“江湖”里，失意文人、绿林好汉、奇人异客无所不包，这些人对仕途不感兴趣，对朝廷颇为不满，对社会现象冷嘲热讽。作为诗歌派别，又以“江湖”命名，可见这些参与其中的诗人大多是不受拘束的自由派文人。在“江湖诗派”中，叶绍翁是比较出名的一员。

叶绍翁原本姓李，他父亲在朝中做官，但因在南宋朝廷复杂的政治斗争中失败而被贬，于是将年幼的他送给了叶家。这样的经历决定了叶绍翁对功名利禄全无追求，早早就过起了隐居的生活。

透过诗歌作品，通常可以看到诗人的个性、阅历和思考，在叶绍翁的《夜书所见》中，也可以窥见这位避开功名之路只求自在生活的诗人充满矛盾的内心世界。

通过《夜书所见》的诗面表达可以推测，此时的诗人应该是在隐退江湖、回归故里的客船中。舟行深夜多有不便，只能沿江靠岸，等待天明。也许，此时诗人正伫立船头，又或者在江畔漫步，天涯羁旅，孤舟独行，难免触发内心的悲凉。中国人有“一叶而知秋”的说法，梧桐树的叶子在带着凉意的夜风中飘落，预示着秋凉已至，秋风吹得江水透出寒凉，行脚的旅客又如何不思念家乡？在第二句中，叶绍翁隐藏了晋朝文人张翰的故事，此人在洛阳做官，秋风乍起牵动了他对故乡的想念，毅然辞官归隐。所谓“秋风动客情”隐含的正是这个典故，由此可见叶绍翁对仕途的厌倦。接下来，诗人看到了远处忽明忽灭的一点灯火，原来是孩子提着灯笼在抓蟋蟀。深夜中自由自在的儿童和形影相吊的诗人自己，形成了鲜明的对照。

红杏闹春

叶绍翁传世的诗歌并不多，其中有一首的名气超过了《夜书所见》，这首诗是《游园不值》。全诗是这样的：“应怜屐齿印苍苔，小扣柴扉久不开。春色满园关不住，一枝红杏出墙来。”

《游园不值》书写了诗人叩门访友的一段小事。适值江南早春二月，繁花绽放，春色无边。诗人临时起意到友人家造访，敲门敲了很久却不见主人应答。站在门外，诗人略有失望，猜想也许是爱惜花草的友人担心突然来访的客人踏坏了园子中的青苔，破了园中苍苔配翠木的精致，于是才假装不在家吧。失望之中，惊喜突然而来，友人家的院墙上，一枝娇艳的红杏伸出墙头，泄露了春的消息，让满园春色扑面而来。

从失望到欣喜，从访友不见人到引人遐想的出墙红杏，诗人在短短四句诗中，将心境的转变写得细腻通透，充满情趣。这首诗的后两句，数百年来一直在被后人引用，而引申的含义早已超出了对春色的描写而上升到书写人生感悟。一个人的才华、心性、思想是不可能被禁锢的，就像春天的蓬勃生机绝不会因一道门而被“关”住。在这里，诗人将人性中对自由的向往和人本身具有的生命力比作那一枝“逾墙而出”的红杏，尽管困难重重，终将脱颖而出。

促织传奇

在《夜书所见》中，叶绍翁写到夜晚小孩子抓蟋蟀的情景，“促织”是蟋蟀的别名。在中国，最有名的关于蟋蟀的故事出自清代作家蒲松龄的小说集《聊斋志异》，题为《促织》。

蒲松龄笔下《促织》的故事发生在明朝宣德年间。皇帝痴迷斗蟋蟀，陕西华阴的县官为了讨好皇帝，要求民间进献蟋蟀，不能按时上交蟋蟀的人家，则要缴纳相应的捐税。话说有一位叫作成名的书生，千辛万苦捕捉蟋蟀却每每无所斩获，只能交税，久而久之，家中一贫如洗。有一天，成名的妻子去求巫婆，巫婆指点成名到乡间捉到了一只大蟋蟀，一家人高兴之际，成名的儿子却不小心把蟋蟀拍死了。怒气冲冲的成名去找儿子，儿子无影无踪，不知到哪去了。等成名找到儿子时，发现儿子已不省人事。眼看成名就要被抓去坐牢，家门口突然出现了一只小蟋蟀。乡里的好事之人听说成名得了蟋蟀，赶来缠斗，不料这只貌不惊人的小蟋蟀所向无敌，斗败了乡里所有来挑战的蟋蟀。成名将小蟋蟀献给县官，小家伙依然所向披靡。拥有了无敌蟋蟀的皇帝赐了许多财富给抚臣，成名一家也因为这只蟋蟀而成为一时显贵。这时，成名的儿子突然醒了，他告诉父母，他做了一个很长的梦，梦见自己变成了一只战无不胜的蟋蟀。

《促织》的故事曲折离奇，充满讽刺意味。蒲松龄在小说的结尾发出了意味深长的感叹，一个家庭因为一只蟋蟀而鸡犬升天，无数人因为皇帝爱斗蟋蟀而家破人亡，这是多么残酷的社会现实。

蒲松龄善于以小说表达对社会现实的思考和批判，他的短篇小说是中国文学史上的一座高峰。

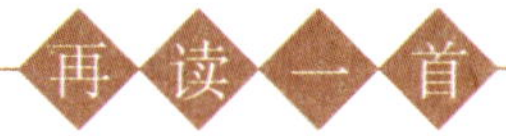

促织

[唐] 杜甫

促织甚微细，哀音何动人。
草根吟不稳，床下夜相亲。
久客得无泪，放[①]妻难及晨。
悲丝与急管，感激异天真。

① 放：又作“故”。

17

乡村四月

［宋］翁卷

绿遍山原白满川，
子规声里雨如烟。
乡村四月闲人少，
才了蚕桑又插田。

乡村即景

翁卷是南宋时期的诗人，历史上关于他的记载很少，只知道他是一名热爱乡居生活的闲散之人，曾有过一次参加科考的经历，未中榜，从此便不再参加考试，在江南过着悠闲务农、写诗寄情的生活。

《乡村四月》在翁卷的存世诗歌中非常突出，是一首描写江南四月农事繁忙的白描式诗篇。这首诗语言简白，极有江南情致，诗人以颇具功力的简笔，描绘出水乡农忙时的情景。

在中国，农历四月正是种植水稻的时节，同时也是植桑养蚕的季节。追随诗人的视角可以看到，春夏之交的江南，满眼绿色，浓郁滴翠，远方起伏的山峦被无边的绿色覆盖，天光倒映在水中，白色川流滋润大地，灌溉着稻田。接下来，跟随诗人一起倾听，可以听到一迭连声的布谷鸟叫声，仿佛在催促农人赶快趁着好时节下田插秧，而在此起彼伏的“布谷”声里，春雨如烟如幕。这两句是诗人的所见所闻，看起来是有闻必录，实际上是精心选材。绿原、白水、布谷声声、绵绵春雨，这不正是江南特有的诗情画意吗？接下来，诗人没有直接去写农家的忙碌，而是用曲笔写下，这个时候的乡村里几乎没有闲着的人，人们才刚刚忙过植桑养蚕，马上又转身投入到插秧种稻的行列。这是水乡的劳动场景，真实自然。

这首诗的语言朴实至极，意象分外简素，但韵味悠长，充满着生活气息。

杜鹃啼血

在中国古代文人的众多诗词文章中，杜鹃鸟是常常被书写的对象。《乡村四月》中的“子规”是在中国四川一带多见的杜鹃鸟的别称。

关于杜鹃鸟还有一个美丽的民间神话。传说在遥远的周朝，蜀国国王杜宇即位后被称作“望帝”，彼时有一名死而复生的人名叫鳖灵，成为望帝的宰相。望帝主政，鳖灵辅佐，两人相处非常和睦。有一年，蜀国发生洪灾，民不聊生，鳖灵凿通巫山开辟三峡，解决了水患，劳苦功高。望帝认为鳖灵治水有功，深得民心，主动将帝位让给鳖灵，又担心鳖灵不肯接受，于是，望帝悄悄离开了都城，隐居到西山中。望帝在西山去

世，死后化为一只杜鹃鸟。他生前一直教授子民务农，去世之后，仍然不改初心，每到播种季节，他总会飞翔着到处呼唤“布谷布谷”，提醒人们到了该种粮食的时候。因为他总是这样奔波、呼叫，嘴角上常常挂着血痕，待到他站立枝头休息时，嘴里的鲜血将盛开的花儿染成了血色。从此，人们称他为“杜鹃鸟”“布谷鸟”，称这时盛开得满山满谷的血红色花儿为“杜鹃花”。

杜宇化为杜鹃鸟的故事在中国流传很广，活跃在很多诗人笔下。唐朝诗人李商隐在他的名作《锦瑟》中曾写道：“庄生晓梦迷蝴蝶，望帝春心托杜鹃。”诗人在这里直接使用了“杜鹃啼血”的典故。北宋词人刘克庄则以杜鹃鸟暗指春夏之交，他在《忆秦娥》中写道：“枝头杜宇啼成血，陌头杨柳吹成雪。”当杜鹃花盛开，杨花如飞絮纷纷飘落时，播种时节到了。

暮春芳菲

翁卷的《乡村四月》是一幅水墨画般的水乡农忙图，同样是写四月，白居易的一首《大林寺桃花》则堪比一幅深山古寺觅春图。

《大林寺桃花》作于唐元和十二年（817 年）。唐元和十年（815 年），白居易的仕途遭遇波折，因为直言上谏，得罪了权贵，他被贬为江州司马。谪居期间，他邀请友人一同到庐山大林峰深处的大林寺游赏，这首诗就是在这次游览过程中口占而成。诗是这样的：“人间四月芳菲尽，山寺桃花始盛开。长恨春归无觅处，不知转入此中来。”仅从诗面来看，这首诗并没有奇绝之处，很像是诗人的自言自语：在山下，人间烟火繁重，春日盛开的百花各自凋零，然而，走到深山里、古寺中，才发现原来这里春天依旧，桃花才刚刚绽放。作者此时不由发出叹息，一直以来遗憾着春天怎么这样匆匆忙忙就过去了，却不知道这深山古寺里的春天才刚刚开始啊。

中国古诗词的最大特点是意在言外，丰富的含义和曲折的笔致往往能给读者带来无边无际的联想，这正是古诗词的魅力所在。结合白居易的经历和当时的处境，再读《大林寺桃花》便会有恍然大悟之感，原来，诗人貌似在说寻觅春天的踪迹这样一件实实在在的事情，实则却是在表达自己的人生顿悟和生活态度。被贬为江州司马，对于一名挣扎在仕途中的有志之士来说是郁郁不得志的遭遇，但是，谁又能说接下来不会因祸得福呢？即便是在江州这样的偏僻之地，不是还有迟开的春花吗？人生处处是转折，谁又能说这一次失败就是人生的终结？从这首诗中足以看出白居易豁达的性格、达观的人生境界以及超强的思辨能力。

事实的确如此，在江州司马任上，白居易不仅在仕途上有所作为，更写下了名垂千秋的《琵琶行》，这不正是芳菲尽处的春花盛开吗？

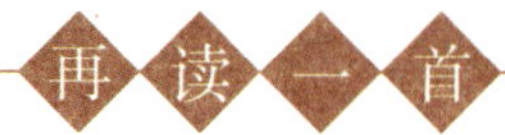

再读一首

锦瑟

[唐]李商隐

锦瑟无端五十弦，一弦一柱思华年。
庄生晓梦迷蝴蝶，望帝春心托杜鹃。
沧海月明珠有泪，蓝田日暖玉生烟。
此情可待成追忆？只是当时已惘然。

墨梅

［元］王冕

吾家洗砚池头树，
朵朵[1]花开淡墨痕。
不要人夸颜色好，
只留清气满乾坤。

狂奴鬼才

王冕是元朝的诗人、书画家，也是被他同时代的很多学士名流赞美的不世出的奇才。事实上，他是农民出身，而且一生从未担任过任何官职。

浙江省诸暨市山清水秀，是古越国的所在地，亦是战国时代传奇女子西施的家乡，王冕就出生在这里。小时候的王冕家境赤贫，父母没有能力供他读书，让他替别人家放牛。路过学堂、寺庙，偷听读书，把别

① 朵朵：又作“个个”。

人扔掉的旧书捡回来阅读，这是王冕独特的“自我开蒙”。因为专注，他常常忘了放牛，遭到主人家的责骂。如此一来，父母将他送进寺庙寄居，追随僧人学习文化，圆了他的读书梦。当时的名士韩性听闻这个孩子聪慧勤奋，便收他做学生。王冕进步很快，成了一名精通经史的儒生。

个性独特的人大多波折多于常人，王冕学问扎实、才华横溢，却在科考这件事上很不顺利，几次落第让他又羞愧又恼火，他将书籍文章付之一炬，发誓不再追求功名。

因为擅长书画，又有诗才，王冕名声很大，虽是落第书生，却不断有朝廷官员延请他出任幕僚或者赐予他一些官职，但他都一一回绝。此时，元朝的都城在北京，当时叫作大都。王冕游历到这里时，同样有仰慕他才学的高官请他出仕，他觉得这不是自己的理想，立即离开大都跑回老家，接着过他的耕读生活。

行为标新立异是王冕的一大特点。他喜欢屈原，模仿“屈子行吟”，自制了高帽子戴在头上，身披蓑衣，足踏木屐，手执木剑，在街市上高歌行走，偶尔他还会坐在黄牛背上手捧《汉书》在街头“漫步”，时人以“狂奴”来称呼他，他也很高兴地接纳。

在书画和诗歌方面，王冕虽是自学成才，却造诣极深。挥笔成诗，随手成画，对他来说易如反掌，而其诗歌和画作又往往令人惊艳。后人评价王冕是“鬼才”，认为他的诗与画都是神来之笔，只能欣赏而模仿不来。

墨梅风骨

王冕学画，最初是画荷花。他还是小牧童的时候，看见池中亭亭玉立的荷花，到了秋天却花尽荷残，心里十分遗憾，他想，如果能把花儿留在纸上，就不用等待来年花开便可时时欣赏。于是，他买来纸笔颜料，对着荷塘画荷花，不久就将荷花画得栩栩如生。荷花在元朝时被称为“无骨花”，当时只要提到“画无骨花之人”，大家都知道这是在说王冕。

作为一代花鸟画大家，王冕最擅长画梅花，尤其是墨梅。上海博物馆馆藏王冕的《墨梅图轴》，堪称传世名作。尤为珍贵的是，每一幅墨梅画作上都有他的亲笔题诗，诗画合璧，别具一格。

王冕一生爱梅花，他居住在诸暨九里山靠农耕生活自给自足时，除了种粮食之外，还种下了上千株梅树，并将自己的家命名为“梅花屋”。梅花屋边，诗人就着池塘洗砚台，池水化为墨色，浸染了池边的梅树，喝饱了墨汁的梅树开出的花朵竟也带着浅浅的墨痕……诗的前两句鲜活奇绝，仿佛画上的墨梅已变身为池边盛开的梅花，而池边的梅树正在画家笔下开出烂漫花朵，虚与实、现实与艺术在这两句中得到了完美的转换和结合。接着，诗人转入对梅花品格的赞叹，不求别人说这一树的花开有多绚烂，只为人间留下特有的清芬。这是梅花高标自许的格调，也是诗人不求功名、独善其身的自我精神的状写。

儒林出秀

在清朝，出现了一本有趣的书，号称中国古代讽刺小说的扛鼎之作，叫作《儒林外史》。这本书的作者吴敬梓与元朝书画家王冕相隔着400余年的岁月，但是，吴敬梓将历史上真实的王冕的故事加以改写，作为这部小说的第一回，故事塑造了一个才华横溢、性格耿介、不求闻达、乐天知命的知识分子形象，成为这本书中最理想的人物。以今天的流行语言来说，这是吴敬梓穿越历史对心中楷模的虔诚致敬。

在《儒林外史》中，王冕更加传奇。少年的他博闻强记，虽为牧童，却博古通今；学画不仅是无师自通，更达到了令当时的高官名士都叹为观止的境界；他名满天下，却安于以农人身份过自由自在的耕读生活，毫无攀附权贵之心，当县官要求他为高官名士写诗、作画时，他先是拒绝，催逼不过，便索性收拾了行囊逃跑，绝不以自己的作品作为跻身名流的舟楫；他淡泊名利，看不起众多学子为了出仕而苦练学写毫无创意和生机的八股文章，只肯画所见所想、书真实心声，为此，他宁愿守着清贫隐居；他不求功名，更不谄媚权势，朱元璋亲自请他出任参军，他刚一得到消息马上躲进会稽山，避而不见……在《儒林外史》中王冕故事的结尾，吴敬梓写下了这样一句颇有深意的话："可笑近来文人学士，说着王冕，都称他做王参军，究竟王冕何曾做过一日官？"

无论在现实中还是在小说里，王冕遗世独立的真性情和自由人格，都令人敬佩。

白梅

[元]王冕

冰雪林中著此身，
不同桃李混芳尘。
忽然一夜清香发，
散作乾坤万里春。

19

天净沙·秋

［元］白朴

孤村落日残霞，
轻烟老树寒鸦，
一点飞鸿影下。
青山绿水，
白草红叶黄花。

元曲四大家

在中国文学史上，每个朝代都有独特的文学体裁，魏晋南北朝时期有骈文，唐朝有唐诗，宋朝有宋词，到了元朝，北方少数民族文化和中原、江南的汉地文化交相融汇，无论在语言的发展，还是民间文化的发展方面，都呈现出新气象，元曲就是在这时诞生的一种新型文学体裁。

元朝是中国戏剧文化发展的高峰时期，当时的戏剧表演大多在民众聚集的闹市，即勾栏瓦舍中进行，深受百姓欢迎。戏剧有着丰富的故事性，通常按照起承转合分为四折，内容包含“念白”和“演唱”。念白部分大多通俗易懂，演唱部分词曲则与唐诗、宋词的清丽婉转一脉相承。

最初，戏剧大多由北方人创作，带有明显的北方语言特色，情节也大多取材于历史故事或民间传说，元大都（今北京）和杭州是元朝的两大戏剧中心。创作戏剧的文人受过良好教育，继承了唐诗宋词的优雅，在创作戏剧的同时也创作拥有固定格式和韵律的曲词，这些曲词可以用于戏剧中推动情节发展，也可以用来单独演唱或朗诵。曲词也是长短句，但相比于宋词，其格律又不过分严格，语词增减自如，文句可多可少，样式活泼亲民。今天所说的元曲，实际包含了“戏剧”和“曲词”两部分，戏剧叫作“元杂剧”，曲词则叫作“元散曲”。

在元代，元曲创作大师关汉卿、白朴、郑光祖和马致远并称为“元曲四大家”。其中，关汉卿被认为是元曲最具代表性的作家，他以大都为家，专门从事戏剧创作，一生写作戏剧达到67部，人们熟知的《窦娥冤》《单刀会》《救风尘》是他最优秀的作品，至今仍被各个剧种反复改编、搬演。

白家梧桐雨

唐玄宗与杨贵妃的爱情故事被很多人以各种文学体裁演绎，诗人白居易的一首《长恨歌》让这个故事千古流传。然而，将这段传奇以戏剧形式呈现并广泛演出至今不衰，“元曲四大家”中的白朴是当之无愧的先行者，他的代表作《梧桐雨》是将这段唐朝逸事搬上舞台的开山之作。

白朴出身士大夫家庭，家学渊源，父亲与金元交替时有“北方文雄”

之称的文学家元好问是挚友，元好问对白朴欣赏有加，曾亲自为他开蒙。白朴的童年和少年时代历经离乱，朝代更迭之际，战事频仍，白朴在逃亡过程中与母亲失散，被迫流落他乡。多亏元好问将白朴姐弟从难民中找到，带在身边呵护，直到找到他们的父亲。此后，元朝取代金朝，定都北京，白朴当时居住之地正在今天河北省正定县。因为元好问的提点，白朴的才名得以大盛。元朝初建，急需人才，有官员推荐白朴出仕为元朝效力，他拒绝了，并由此匆匆离开正定，南下游历。白朴一生以前朝遗民自居，对元朝深恶痛绝，这一点从他的散曲代表作《天净沙·秋》中也能感受到。

《天净沙·秋》全曲 28 个字，罗列了 12 种景物，一派秋日风光旋即跃然纸上，其构思之巧妙令人叫绝。立意写秋，通篇却没有一个“秋”字出现，这是白朴的用心工巧。首句中的景物传递出秋天的凄清，末句中则突然反转，每一种景物都带上了鲜活的颜色，金秋的生动灿烂立竿见影。值得一提的是，诗中还有一只飞鸿，这是作者的自比，在萧瑟而又孕育着生机的秋天，飞鸿一点，高傲孤绝。

马家《汉宫秋》

同为“元曲四大家”之一的马致远写过一首与白朴的《天净沙·秋》有异曲同工之妙的《天净沙·秋思》。这首散曲是这样的：“枯藤老树昏鸦，小桥流水人家，古道西风瘦马。夕阳西下，断肠人在天涯。”

马致远的这首散曲被今人评价为“并列式意象组合”的经典之作。将整首散曲拆解可以看到：古藤缠绕老树，老树上落着乌鸦，小桥下有流水，流水旁坐落着人家，古道上西风尽吹、瘦马徐行，夕阳西下时分正徘徊着一位伤心的旅人。与白朴的《天净沙·秋》不同的是，马致远不是靠平行罗列景物以达到密集写景抒情的效果，而是在每个景物之间构建了联系，后景与前景时刻纠缠并互为补充和映衬，景物与景物之间的啮合达到了难以拆分的共融。

同样以“天净沙”为曲牌，同样是写秋，马致远与白朴的调性截然不同。白朴的实质是写对道德的自我坚守，马致远则真心实意在写愁烦。与白朴的拒绝出仕不同，马致远一生渴望出仕报国，却始终仕途不顺，毕生官职卑微，过着颠沛流离的清苦生活。在元曲创作领域，马致远被称为“曲状元”，但在官场，他只是籍籍无名的小吏。他的伤秋，实在是对自己不得志的感叹。

马致远流传于世的戏剧代表作是《汉宫秋》，这部以昭君出塞为创作蓝本的戏剧情节曲折、语言优美，至今仍搬演不衰。

天净沙·冬

[元]白朴

一声画角谯门，
半庭新月黄昏，
雪里山前水滨。
竹篱茅舍，
淡烟衰草孤村。

石灰吟

[明] 于谦

千锤万凿出深山，
烈火焚烧若等闲。
粉骨碎身全不怕，
要留清白在人间。

英雄出少年

于谦是明朝政治家、军事家、民族英雄，出生在浙江杭州的一个官宦世家。在今天的杭州市祠堂巷，仍有他的故居和纪念馆。

少年时代，于谦即表现出与众不同的气质，他读书努力，立志报效国家。于谦很聪明，相貌端庄清奇，在后人写的传记中曾提到，他七岁时，有一位僧人端详良久，说他是“日后能拯救时局的宰相人才”。

于谦博学多闻，才思敏捷，民间流传着很多关于他的故事。其中一则讲到，于谦 14 岁时在杭州应秀才试，恰好主考官名叫虞谦。考官叫他的名字，他起立躬身却不应答，问他为什么，他说：“与大人同名，故不敢应。”考官觉得这个孩子很懂事，随口念出一句上联：“何无忌，魏无忌，长孙无忌，彼无忌，尔亦无忌。”考官连用五个“无忌”，前三个分别指的是晋代大臣何无忌、战国时魏国信陵君魏无忌、唐代元勋长孙无忌，后两个则是在告诉于谦，他们三人同名“无忌”，你我同名也无须忌讳。于谦略一思索即对出下联：“张相如，蔺相如，司马相如，名相如，实不相如。”他用了五个“相如”，前三个分别指的是汉初东阳武乡侯张相如、战国时完璧归赵的蔺相如、汉代文学家司马相如，后两个“相如”则是在说这三个人虽然都叫“相如”，实际各有高下，并不相如。于谦用机智巧妙的方式表达了对考官的尊重和自己的谦逊。

《石灰吟》是于谦的诗歌代表作，写此诗时他年仅12岁。相传某日，他在石灰窑前观看工匠煅烧石灰，这些源自深山、历经斧凿的青黑色山石，在烈焰焚烧后化作白色石灰，他深受触动，写下了这首托物言志的咏物诗。于谦在诗中借着赞美石灰坚贞、忠诚和自我牺牲的精神，表达了自己的人生追求。这首少年之作，冥冥中奠定了于谦一生做人、做官的清白基调。

北京保卫战

于谦23岁中进士走上仕途，他任职江西、山西、河南等地，在每一处都留下清廉的名声。他刚直不阿，吏治清明，赢得了百姓的喜爱，也赢得了皇帝的欣赏，故被升为兵部侍郎。而在于谦忠诚报国的一生中，辉煌顶点则是由他全权主持并大获全胜的“北京保卫战”。

明英宗统治时期，北方蒙古族的分支瓦刺进犯明朝，明英宗在准备不充分的情况下听信宦官谗言，御驾亲征到大同与瓦刺军交战，结果明军全面溃败，瓦刺军队在土木堡俘获明英宗，并以送他回京为名伺机进犯北京。这就是明朝历史上著名的“土木堡之变”。

此时，北京朝中没有君主，城内缺少精兵，顿时乱作一团。临危之际，皇太后立明英宗的弟弟为皇帝主持国事，即明代宗。以于谦为代表的朝廷重臣力主固守京师，代宗对于谦格外倚重，不仅将他升任兵部尚书，更授予他“提督各营军马”的特权。

在于谦的精心部署下，经过一个多月准备，北京守军兵精粮足，士气高涨。当瓦刺军队携着被俘获的“太上皇”进军北京时，完全想不到于谦会有如此充分的准备和出其不意的战略。经过五天五夜激战，“土木堡之变”的悲剧不但没有重演，明军还越战越勇，在于谦的统一指挥下，利用灵活机动的战术，把瓦刺军队打得人仰马翻。

北京保卫战的胜利决定了明朝能继续维持其统治，这一战也让北京百姓对于谦敬重万分。

清名天下传

中国历史上有许多忠臣良将被冤屈迫害致死的伤心故事：战国商鞅推动变法使秦国走上了法治之路，自己受车裂之刑；宋朝抗金英雄岳飞

屡屡得胜，几乎已经可以收复中原，却被奸臣害死……于谦的命运与他们一样。

北京保卫战之后，于谦主理兵部，夙夜在公，他的心思全在国事，完全没有注意到从瓦剌手中救回的明英宗一直在寻找机会夺回帝位。待到突如其来的抄家和抓捕发生时，他还值守在兵部的岗位上。明英宗最终成功地从代宗手上夺回帝位，将这个临危受命保住江山的弟弟投入冷宫，同时，他下令在北京崇文门外处死于谦，理由是在自己被俘虏时于谦伙同代宗谋反。

明英宗发起的这一系列“反攻”，在明朝历史上被称为“夺门之变”。令人心寒的是，曾经与于谦一起并肩战斗且在面临斩首时被于谦以命担保搭救下来的大臣石亨，在“夺门之变”中扮演了卑鄙的角色。他上书英宗，陈述于谦在北京保卫战时曾表示忠于新的君主，对于老皇帝则是“社稷为重，君为轻”。仅凭这一句话，就足以置于谦于死地。

于谦死后多年，直到明宪宗即位，才沉冤得雪。后世人们追忆于谦为捍卫国家和固守北京做出的贡献，称他为“于忠肃公”。

《咏煤炭》是于谦的诗歌中与《石灰吟》同样传世的经典作品，也是一首托物言志的咏物诗。诗的最后一句“但愿苍生俱饱暖，不辞辛苦出山林”，正是于谦一生一身正气、“只谋社稷不谋身”的真实写照。

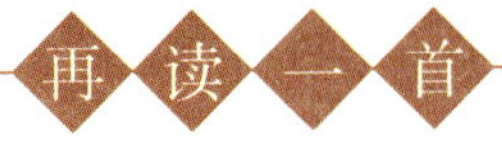

咏煤炭

[明]于谦

凿开混沌得乌金，藏蓄阳和意最深。
爝火燃回春浩浩，洪炉照破夜沉沉。
鼎彝元赖生成力，铁石犹存死后心。
但愿苍生俱饱暖，不辞辛苦出山林。

21

竹石

［清］郑燮

咬定青山不放松，
立根原在破岩中。
千磨万击还坚劲，
任尔东西南北风。

人器晚成

“郑燮不如郑板桥名气大”是扬州地区流行的一句玩笑话，当某人讲一件事张冠李戴时，扬州人就用这句话来取笑他。郑板桥原名郑燮，因为被称为“板桥先生”久了，人们反而淡忘了他真正的名字。他是清朝著名的书画家、诗人，是中国文化史上少见的“诗书画三绝”的全才。

郑板桥一生跨越清朝康熙、雍正、乾隆三世，他在康熙年间中秀才，雍正年间成为举人，乾隆年间中进士。得中进士并走入仕途时，他已经43岁，因此，人们常常说他是大器晚成。在此之前，他的境遇堪称悲惨。出生时，他家生活拮据；四岁时，生母去世，由继母抚养；10年后，继母去世，郑板桥不得不依靠乳母生活。幸运的是，他的乳母虽然没有文化，却对他视同己出，也正是因为这位给予他关怀的普通劳动妇女，郑板桥一生都对劳动者有着深切的感情。

郑板桥早有少年才子的名声，但迫于生活，不得不牺牲读书时间来维持生计。身为一介书生，谋生方式也只能是文人的方式。早年郑板桥只身到扬州卖字画，作品虽好，却少人问津，收入菲薄，一家人过着清苦的生活。30 岁时功名没有着落，却失去了父亲，不久又失去了儿子，随后，妻子也病逝，一连串遭遇让郑板桥的生活沉入了谷底。正是这人生的凄风苦雨，磨炼了他性格里的坚强，造就了他的倔强和不屈服。

中进士后，郑板桥连续 12 年先后在范县（今河南范县）和潍县（今山东潍坊）两处担任县令，政绩斐然，这时他的书画也逐渐被人赏识，乾隆皇帝对他大为欣赏，一度在朝拜泰山时将他封为“书画史”随侍同行。此后，他的名气越来越大，书画作品一时洛阳纸贵，引得人们争相收藏。

在人生得意的时候，郑板桥再度回到扬州，竟然发现年轻时被冷落丢弃的那些旧字画已经被悬挂起来，当作墨宝。这让他不由得感慨世态炎凉，他借用唐朝诗人刘禹锡的诗句“二十年前旧板桥”刻下一方印章来自我解嘲。“郑板桥”这个名字也由此流传开来。

七品清官

郑板桥出仕后为官 12 年，其实是做了两任七品县令，虽然是“芝麻官”，但他做得殚精竭虑。最初，他在范县任职，因为自己出身寒苦，早年艰难，对底层百姓的生计艰辛有着深刻了解。他经常不着官服，穿着草鞋深入田间、市井考察民情，并且大力扶植农桑，为小工商业者减轻赋税，他的清明吏治让当地人得以安居乐业。

在清朝，中下级官员的调动历来频繁。郑板桥虽然将范县治理得很好，且深得当地百姓敬仰，但他并没有因此获得升迁的机会，从范县调任到潍县，依然是七品芝麻官。在潍县上任不久，赶上了百年不遇的旱灾、蝗灾和水灾一同发生的景况，原本并不富庶的潍县一时哀鸿遍野。郑板桥一面如实上书朝廷请求赈济灾民，一面投入赈灾。他主持修缮堤坝、疏浚池塘、修补道路，以这样的方式招收灾民来工地劳动换取食物，实行“以工代赈”。同时，他要求当地的富户沿街开设粥厂赈济老弱妇孺，强制商人将囤积的粮食以平常价格卖给饥民，他自己也捐出官俸用于救灾……《潍县志稿》中记载郑板桥此次救灾“生民无算”，用今天的话说，即“救人无数”。但是，他也因此得罪了那些有官场背景的豪门富商，遭到弹劾。性格倔强的郑板桥愤然辞去官职，重返扬州，再度操起卖字画的营生。

对于郑板桥个人来说，这是他仕宦生涯的终结，但对于后人来说，一位伟大的诗人和书画家从此达到了创作的巅峰，留下了更多的艺术财富。

竹石精神

郑板桥是中国文化史上有开创性意义的书画家，是“扬州画派”的代表人物，其独创的技法影响深远。在书法艺术方面，郑板桥也有很深的造诣，他的书法作品不拘泥于古法，而是在师法古人的基础上加以开拓，糅合自己的个性，形成了自成一家的“板桥体”，至今仍被临摹学习。

《竹石》是一首题画诗。题画诗特指艺术家在绘画完成后在留白处题写的诗句，诗与画相映成趣，彼此补充，形成艺术性的完美结合。《竹石》就是郑板桥为自己的画作《竹石图》所作的题诗。

这首诗名为《竹石》，其主角实际是竹。在诗人笔下，竹的出身可谓寒苦，竹的成长可谓艰难。青青山竹美丽挺拔，紧紧依附着山岩顽强生长，山竹之所以能这样拔地而起，是因为它深深地扎根在破裂的岩石中。这两句话，诗人含蓄地说明了“根深才能叶茂”的道理。接着，诗人自然地转向对山竹这种不畏艰辛的意志和毅力的赞叹，无论怎样摧残和打击，无论暴烈的山风从何处吹来，竹始终保持着坚定，毫不动摇。这是竹的精神写照，也是郑板桥追求的精神气节。

郑板桥一生只画兰、竹、石，自称“四时不谢之兰，百节长青之竹，万古不败之石，千秋不变之人”，这个“不变之人”正是他自己。

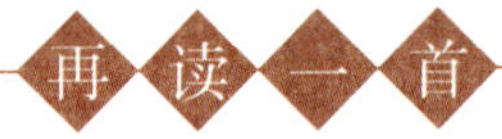

潍县署中画竹呈年伯包大中丞括

[清]郑燮

衙斋卧听萧萧竹，
疑是民间疾苦声。
些小吾曹州县吏，
一枝一叶总关情。

村居

［清］高鼎

草长莺飞二月天，
拂堤杨柳醉春烟。
儿童散学归来早，
忙趁东风放纸鸢。

风筝诗人

高鼎生活在清朝末年，关于他的史料很少。人们称那些因为一本书而成名的作家为“一书成名”，高鼎比这些作家更“厉害”，他是“一诗成名”，这首诗就是《村居》。因为他在诗中写到儿童春日放风筝的生动趣致，后人称他为“风筝诗人”。

在动荡的时代，中国文人中那些性格恬淡、与世无争的闲散人士往往会选择归隐田园、寄情山水，他们更追求道德上的自我完善和内心世界的平静安然，不太关注社会发展。高鼎就是这样的人，他的这种心性在《村居》中也有所体现。

诗的第一句，作者巧妙使用了“草长莺飞”这个成语来描述春天的生机勃勃。“草长莺飞”出自南朝文人丘迟的《与陈伯之书》，原文这样写道：“暮春三月，江南草长，杂花生树，群莺乱飞。”此后，“草长莺飞”便成为专属于春天的成语。诗的第二句是作者所见，娇嫩碧绿的杨柳轻扫在堤头石上，仿佛沉醉在春风里。写到这里，作者眼中的春天还是恬静的。接下来，因为早早从学堂里奔跑出来的孩子们，全诗突然有了强烈的动感，孩子们趁着东风放飞手中的风筝，整个春天顿时喧闹起来。

高鼎的这首诗就像一幅画，有温柔祥和的远景和环境，有极富感染力的运动，有浑然忘我的孩童，有高飞入云的大鸟一般的风筝，静中有动，动静相宜。

纸鸢鼻祖

鸢是中国古代传说中身形巨大的鸟，体魄雄健，一飞冲天。中国人以“纸鸢”作为风筝的别名，包含着对手中小小风筝的喜爱和对于翱翔天际的向往。

中国是风筝的故乡，在两千多年前的春秋时期，民间就已经有风筝出现。不过，以发明风筝自豪的中国人更喜欢为风筝诞生的故事加上名人的光环。相传，春秋时期的思想家和教育家墨子是最初发明和制作风筝的人。他用木头做成鸟的形状，历经三年研发，使之起飞，称为“木鹞”。

遗憾的是，这只“木头鸟”只飞了一天就跌落在地。接下来改进工艺的任务落在了墨子的学生——木匠祖师鲁班身上。鲁班按照老师的想法和设计，首先确定了以竹子取代木头作为主材，随后，他将竹子劈削光滑，用火烤成弯曲形状，拼拼插插做成一只竹雀鸟，为了和“木鹞”相区别，鲁班的竹鸟取名“木鹊”。“木鹊”在天空中飞了三天。“木鹞”和“木鹊”，就是世界上最早的风筝。

以纸做风筝，前提是必须有纸。造纸术是中国古代的四大发明之一，东汉时期，蔡伦改进了民间造纸的方法。到了隋唐时期，中国的造纸术已经极为发达，民间逐渐出现了用纸糊成的风筝。热爱艺术和生活的中国人认为，仅仅放飞一只纸做的“大鸟”还不够，一定要让这只“鸟”具有美学欣赏价值。于是，人们开始在纸鸢上画图案、敷颜色，尽情装饰。彩绘风筝从此诞生并不断得到完善，直至风筝制作成为一门手艺。这门手艺流传到今天，成为富有中国特色的非物质文化遗产被保护和传承。

红楼结缘

曹雪芹所著的《红楼梦》里有一则以风筝为谜底的谜语：“阶下儿童仰面对，清明妆点最堪宜。游丝一断浑无力，莫向东风怨别离。”这则谜语既写出了风筝该如何放，同时也告诉读者，风筝历来是儿童喜欢的玩具，放风筝则是清明节时人们喜爱的娱乐活动之一。

《红楼梦》中多处提到风筝，这是因为曹雪芹与风筝有着不解之缘。

曹雪芹是一位“杂家”，他在金石、诗书、绘画、园林、中医、织补、工艺、饮食等方面都颇有造诣，因此，在《红楼梦》之外，他还留下了一套散佚的《废艺斋集稿》，其中第二册题为《南鹞北鸢考工志》，讲述的便是中国南北方风筝的制作工艺。书中对各种风筝的扎制、彩绘均附图说明，各种技巧方法被他编成朗朗上口的优美诗段。他在《南鹞北鸢考工志》的自序中记录了为什么要做这样一套文稿。他的老朋友于景廉因为服兵役伤了脚，无力谋生。于景廉来借钱时说，京城公子哥们买一只风筝的钱，够他一家老小几个月的生计。于是，曹雪芹扎了几个风筝让于景廉到集市上售卖，竟然一下子卖空了。由此，曹雪芹想到，如果将扎风筝的手艺传授给鳏寡孤独、老弱病残，让他们能靠着手艺自食其力，那该多好啊！于是，曹雪芹写成了八卷本的《废艺斋集稿》，记录了包括风筝制作在内可以供身有残疾者用来谋生的各种手艺。

中国风筝流派很多，在北京，孔氏祖孙三代制作的风筝非常出名，但孔家风筝却以“曹氏风筝”命名，这是因为早在1943年，孔家前辈获得了曹雪芹的《废艺斋集稿》并参照其中的做法做出千姿百态的风筝，历经多年，孔家人成为这门手艺的传人。为了表达对曹雪芹的敬仰和感激，孔家风筝姓“曹”而不姓“孔”。

风筝

[唐]高骈

夜静弦声响碧空，
宫商信任往来风。
依稀似曲才堪听，
又被风吹别调中。

23

长相思·山一程

［清］纳兰性德

山一程，水一程，
身向榆关那畔行，
夜深千帐灯。
风一更，雪一更，
聒碎乡心梦不成，
故园无此声。

公子多情

提到纳兰性德的名字，人们首先会想到的是流行名句“人生若只如初见”，事实上，作为清代最具盛名的诗词大家，他的经典诗篇和名词名句远不止此。

很多喜爱《红楼梦》的读者，甚至包括一部分专业研究者，常常会将纳兰性德当作是书中那位多情公子贾宝玉的原型。当大臣和珅将民间刊刻的《红楼梦》呈献给乾隆皇帝时，乾隆皇帝说这本书写的应该是明珠家的事，纳兰明珠正是纳兰性德的父亲。

纳兰性德家世显赫，祖上追随清太宗皇太极，是“从龙入关”的重臣，他的父亲纳兰明珠权倾朝野，官阶从内务府总管做到武英殿大学士、太子太傅。富甲天下的纳兰家是当时首屈一指的藏书大户，纳兰性德生在这样的家庭，不仅从小锦衣玉食，更得以饱读诗书。22 岁，纳兰性德中进士，康熙皇帝爱惜他的才华，选他做三等御前侍卫，不久晋升为一等，纳兰性德从此开始了伴君生涯并多次随康熙皇帝出巡。

纳兰性德才华横溢，最擅长写词，他的《饮水词》在当时流传甚广，民间有“家家争唱《饮水词》，纳兰心事几人知”一说，可见其词文影响深远。

在《红楼梦》中，贾宝玉是早慧的天才少年；在现实生活中，纳兰性德也是极为通透之人。这样的人思虑之细腻常重于常人，情感也复杂丰沛于常人。贾宝玉经历了家族从钟鸣鼎食到一朝溃败之后，看破红尘，消失在茫茫雪野；生活中的纳兰性德却没有这样的幸运，年仅 30 岁便因病英年早逝。在他去世后，其父因党争失败遭到弹劾，纳兰家被抄检一空，祖坟尽没，曾经豪华的纳兰性德墓也不复存在。

思乡梦碎

《长相思》是纳兰性德的代表作之一，写在 1682 年。这一年，清朝军队平定了据守云南、拥兵自重的平西王吴三桂的叛乱，成功恢复了对西南边陲的控制，康熙皇帝决定从北京赴奉天东巡祭祖，纳兰性德作为御前侍卫陪伴在皇帝身边。二月，康熙皇帝一行出山海关，向东行进，适逢隆冬，风雪满天。在这样远离家人又风雪刺骨的夜晚，词人的思乡之情满溢心头，写下了这首词。

对于渴望功名的人来说，贴身陪伴皇帝是千载难逢的晋升机会；但对于出身豪门的纳兰性德来说却并非如此，在他短暂的一生中，从没有流露过对功名的渴求，相反，他诗词中对于宁静生活、家人团聚、志同道合者往来酬唱的向往比比皆是。正因如此，《长相思》并没有去写皇帝仪仗的威仪和伴驾的春风得意，而是书写自己的思亲之情。词的上片写风雨兼程，一路奔波，身向关外，深夜帐幕中灯火闪耀，显然这是个寒冷凄惶的不眠之夜。词的下片自然地从身向关外转折到心向故园，一夜不过五更，风雪交替侵袭，风雪之声让人不能安睡，诗人发出了感叹：在温暖的家乡，哪里有如此风雪交加的凄苦声响？

这首词看似信手拈来，实际在用词遣句方面非常讲究，“山一程，水一程”巧妙地对应着“风一更，雪一更”，既严守“长相思”这一古老词牌的韵律和节奏，又平实地写出了时间与空间的变化，是大巧若拙的典范。

相思成灰

“长相思”最初是唐朝教坊曲牌，有严谨的韵律，后来逐渐演变为固定格律的词牌。传说“长相思”这一叫法来源于《文选》中收录的由无名氏创作的《古诗十九首》中的一首，诗中有这样的句子：“客从远

方来，遗我一书札。上言长相思，下言久别离。”久而久之，文人将“长相思”定为曲牌，为之填词，供伶人演唱。

《长相思》以词的形式流传民间，唐朝诗人白居易起着关键作用。他有一首著名的《长相思》这样写道：“汴水流，泗水流，流到瓜洲古渡头。吴山点点愁。思悠悠，恨悠悠，恨到归时方始休。月明人倚楼。”这首词书写的是等待爱人归家的少妇心中的相思和哀怨，上片沿着郎君顺水而行的方向交代了爱人的去向，落笔在吴山，说明爱人在吴地。下片则回归心情，少妇在明月之夜倚着楼窗，满怀思念，要等到爱人归来心情才能得以平复。在白居易的作品中，这首词并不出众，与他的那些慷慨悲歌相比，只能算是小情怀下的小作品，但是，这首词的贡献在于它开启了后人以“长相思”为词牌的创作。诗人们将白居易的这首词作为“长相思”标准格式的“正调”，无论后来的创作如何变调、变体，终究不离其宗。

同样叫作《长相思》的古诗是李白的《长相思三首》。在这三首诗中，李白极尽悲伤地写下了他对自己深爱的长安城的牵挂与不舍，类似“天长路远魂飞苦，梦魂不到关山难。长相思，摧心肝”这样的诗句，令人读罢悲从中来。虽然也命名为“长相思”，但李白的《长相思》与白居易、纳兰性德的《长相思》在结构上完全无关。

木兰花令·拟古决绝词

[清]纳兰性德

人生若只如初见，何事秋风悲画扇。
等闲变却故人心，却道故人心易变。
骊山语罢清宵半，泪雨霖铃终不怨。
何如薄幸锦衣郎，比翼连枝当日愿。

24

己亥杂诗·九州生气恃风雷

［清］龚自珍

九州生气恃风雷，
万马齐喑究可哀。
我劝天公重抖擞，
不拘一格降人才。

纷繁一家人

龚自珍出生于清乾隆年间，祖籍杭州。龚家世代做官，家世显赫，同时还是江浙一带有名的诗礼人家，家学渊源，名人辈出。

中国人在研究汉字时格外遵从东汉许慎的《说文解字》，这是中国第一本从字形结构和字义渊源来解读汉字的专门典籍，是世界上最古的字书之一。《说文解字》被后世多人进行过注疏，其中最有名的是清代学人段玉裁的《说文解字注》，至今仍是研究汉字和文献学最重要的案头工具书。这位段玉裁便是龚自珍的外公，也是他的启蒙老师。在这样的家庭里，龚自珍成为科举考场上的胜者且顺利出仕自然在意料之中。

晚清是近代中国面临变局的重要时期。在朝中做官，龚自珍痛感朝廷腐败无能，博览群书和交游广阔使他认定中国国体和政治制度必须改变才能抵御外侮。因此，他不仅是一位诗人、文学家，还是一名在封建末世不可多得的思想家和改良主义先驱。

龚自珍是慷慨的爱国者，尽管他自己受益于科举制度，但他是科举制度坚定的反对者。在他生活的时代，中国国门被西方国家的坚船利炮打开，一部分和他一样先知先觉的知识分子致力于学习西方文化，推动社会变革。只是当时“变法”时机不成熟，清政府的统治依然根深蒂固。作为从政的文人，龚自珍只能以文学作品和诗歌创作来呼吁变革。

龚自珍一生爱国，但遗憾的是，在他的家中却出现了一个被后世称为“卖国贼”的人，即他的儿子龚橙。龚橙有深厚的国学功底，同时还精通英文。龚橙在清王朝没落而自己又出仕无望的情况下，为当时的英国商人“打工”，收入颇丰，同时也不免为时人所不齿。一度传说，他曾为火烧圆明园的英法联军引路，一时遭到国人唾骂。百余年来，历史研究不断深入，专家学者不断依据史料想为龚橙正名，均收效甚微，人们认为龚橙确实就是那个十恶不赦、卖国求荣的汉奸。

己亥多感慨

龚自珍为官期间，先后担任了内阁中书、宗人府主事和礼部主事等官职，数次上书力主革除多年来官场形成的流弊，坚决主张抵制西方侵略，但他的每一次“痛陈”都没有得到当权者的回应，更不用说获得认同和支持，这使他越来越厌恶官场。清道光十九年（1839 年），48 岁的龚自珍愤然辞去官职回故乡书院教书。他先行回到杭州，随后又赴北京接家眷返乡，来往之中，目睹了民间经济的凋敝和被鸦片荼毒的百姓，心中感慨万千，先后写下 315 首诗作。按照干支纪年，这一年是己亥年，于是这些诗合并称为《己亥杂诗》。

“九州生气恃风雷”出自《己亥杂诗》。这首诗包含着深刻的政治含义，言简意赅。诗人起笔写到当时举国知识分子和朝野精英纷纷陷入死气沉沉、整个社会不能广开言路的现实，并对此提出了自己的见解，即一个社会如果想赢得生机勃勃的发展，必须要经历变革，正如风雷激荡才能使神州大地虎虎生威。随后，诗人进一步阐明观点，社会进步靠的是能够推动社会发展和实施变法的有胆识、有魄力、有思想、有行动的人才，“我劝天公重抖擞”则强化了这一思考，重申自己期盼改变现实的理想。

龚自珍的《己亥杂诗》篇目繁多，洋溢着豪情和才气，既有对社会现实的批判，也有对社会变革的思考，从其中的很多篇目都能看到他的改良主义倾向和爱国热情。

赤心向虎门

龚自珍是晚清官僚阶层中的一股清流，他有一位志同道合的好朋友——主持了“虎门销烟”的民族英雄林则徐。

1839年，也就是龚自珍决心远离官场、返乡教书的那年，英国经东南沿海运进中国的鸦片正在荼毒中国百姓。以林则徐为首的大臣上书道光皇帝，提出如果不能禁止鸦片流通，中国将面临亡国危险。道光皇帝连续八天八次召见林则徐，指示他到东南沿海禁烟。同年六月，林则徐在广东虎门焚毁鸦片，历时23天，销毁鸦片总重量近120万吨，这就是著名的“虎门销烟”，林则徐亦因此成为挽救百姓危亡的民族英雄。“虎门销烟”给英国鸦片商人以重创，直接导致了此后第一次鸦片战争的爆发。

龚自珍是林则徐坚定的支持者和挚友。林则徐离开北京赴虎门时，龚自珍将自己对禁烟的见解写成了一篇《送钦差大臣侯官林公序》，此篇不仅详细阐述禁烟的必要和应用的手段，更提示林则徐需要做好战争准备，有着卓越的先见。他亲自送别林则徐，并以一方珍贵的砚台相赠，砚台上刻着摹王羲之的《快雪时晴帖》以寄托对朋友的祝福。此后，林则徐被贬远赴新疆，仍将这方砚台带在身边，并补刻下一首七绝：“定庵贻我时晴砚，相随曾出玉门关。龙沙万里交游少，风雪天山共往还。”这方砚台现藏于民间，成为两位爱国者友情的见证。

己亥杂诗·其五

[清]龚自珍

浩荡离愁白日斜，
吟鞭东指即天涯。
落红不是无情物，
化作春泥更护花。